大学生体能训练基础教程

主编 吴兆斌 赵 嵩 孙 雪

北京邮电大学出版社
www.buptpress.com

内 容 简 介

本书包括体能训练的基础理论知识、体能训练的内容及实践练习方法、常见运动损伤及其预防和康复等内容。其中，体能训练的基础理论知识包括人体解剖学、运动生理学和运动生物力学等；体能训练的内容及实践练习方法包括力量素质、速度素质、耐力素质、柔韧素质、灵敏素质等的概念和练习方法等；常见运动损伤及其预防和康复包括常见运动损伤及其预防策略、康复手段等。

图书在版编目（CIP）数据

大学生体能训练基础教程 / 吴兆斌，赵嵩，孙雪主编 . -- 北京：北京邮电大学出版社，2025. -- ISBN 978-7-5635-7560-2

Ⅰ . G808.14

中国国家版本馆 CIP 数据核字第 2025KA8253 号

策划编辑：刘蒙蒙	责任编辑：王小莹 刘春棠	责任校对：张会良	封面设计：七星博纳

出版发行：北京邮电大学出版社
社　　址：北京市海淀区西土城路 10 号
邮政编码：100876
发 行 部：电话：010-62282185　传真：010-62283578
E-mail：publish@bupt.edu.cn
经　　销：各地新华书店
印　　刷：保定市中画美凯印刷有限公司
开　　本：787 mm×1 092 mm　1/16
印　　张：12.75
字　　数：333 千字
版　　次：2025 年 6 月第 1 版
印　　次：2025 年 6 月第 1 次印刷

ISBN 978-7-5635-7560-2　　　　　　　　　　　　　定　价：49.00 元

· 如有印装质量问题，请与北京邮电大学出版社发行部联系 ·

编委会

主　编　吴兆斌　赵　嵩　孙　雪
编　委　何宜川　孙　妍　张　魁　马宇豪

前　　言

近年来,"体能"和"体能训练"已经成为我国体育科学领域的热点话题,国内外专家对其进行了系统的研究。在竞技体育领域,体能训练在提升运动员的竞技表现、预防运动损伤,以及促进损伤后的康复等方面发挥了重要作用。自2008年奥运会以来,国家队等专业运动员在科学体能训练的指导下,在各级竞技赛场上取得了辉煌的成绩。

除了竞技体育领域,体能训练还在群众体育和学校体育领域发挥着重要作用。为推进健康中国建设、提高人民健康水平,根据党的十八届五中全会的战略部署,中共中央、国务院于2016年印发了《"健康中国2030"规划纲要》。本书旨在将竞技体育领域中的体能训练理念应用于大众健身领域,结合大学生体能训练需求,从体能训练的理论到方法,系统阐述大学生如何通过体能训练提高身体素质和健康水平。

本书共分三部分、十二章。第一章到第四章概述体能训练的基础理论知识,第五章到第十一章介绍体能训练的内容及实践练习方法,第十二章介绍常见运动损伤及其预防和康复等。

本书作者分工是:吴兆斌编写了第一、二、三、四、十章,赵嵩、张魁编写了第五、六、十一章,孙雪编写了第八、九章,何宜川编写了第七章,孙妍编写了第十二章。张魁、马宇豪参与完成本书示范动作图片的拍摄任务。全书由吴兆斌、何宜川统审定稿。

在本书的编写过程中,作者参考了国内外许多优秀的研究著作和学术论文,在此感谢相关学者在体能训练领域做出的突出贡献。

吴兆斌

2024年11月8日于北京邮电大学

目　　录

第一部分　理论篇

第一章　体能训练概述 ·· 3
　　第一节　体能训练的相关概念 ·· 3
　　第二节　大学生体能训练的作用和原则 ·· 6
　　思考题 ·· 7

第二章　体能训练的生理学基础 ·· 8
　　第一节　肌纤维的结构、收缩过程和类型 ··· 8
　　第二节　物质代谢与能量供应 ··· 10
　　思考题 ··· 17

第三章　体能训练的解剖学基础 ··· 18
　　第一节　人体组成的结构基础 ··· 18
　　第二节　运动系统 ··· 22
　　第三节　神经系统 ··· 29
　　第四节　循环系统 ··· 37
　　第五节　呼吸系统 ··· 42
　　思考题 ··· 45

第四章　体能训练的生物力学基础 ··· 46
　　第一节　生物力学的基础知识 ··· 46
　　第二节　骨杠杆的生物力学基础 ·· 48
　　思考题 ··· 51

第二部分　实践篇

第五章　力量素质训练的理论和方法 ·· 55
　　第一节　力量素质概述 ··· 55

第二节　力量素质训练的方法 ··· 57
　　第三节　力量素质训练的技术动作 ··· 58
　　思考题 ··· 84

第六章　速度素质训练的理论和方法 ·· 85
　　第一节　速度素质概述 ··· 85
　　第二节　速度素质训练的方法 ··· 86
　　第三节　速度素质训练的技术动作 ··· 87
　　思考题 ··· 98

第七章　耐力素质训练的理论和方法 ·· 99
　　第一节　耐力素质概述 ··· 99
　　第二节　耐力素质训练的方法 ··· 100
　　第三节　耐力素质训练的技术动作 ··· 101
　　思考题 ··· 102

第八章　柔韧素质训练的理论和方法 ·· 103
　　第一节　柔韧素质概述 ··· 103
　　第二节　柔韧素质训练的方法及基本要求 ······································· 104
　　第三节　柔韧素质训练的技术动作 ··· 106
　　思考题 ··· 121

第九章　灵敏素质训练的理论和方法 ·· 122
　　第一节　灵敏素质概述 ··· 122
　　第二节　灵敏素质训练的方法 ··· 123
　　思考题 ··· 131

第十章　快速伸缩复合训练的理论和方法 ·· 132
　　第一节　快速伸缩复合训练概述 ··· 132
　　第二节　快速伸缩复合训练的方法 ··· 133
　　思考题 ··· 143

第十一章　核心力量训练的理论和方法 ·· 144
　　第一节　核心力量训练概述 ··· 144
　　第二节　核心力量训练的方法 ··· 146
　　思考题 ··· 159

第三部分　运动损伤篇

第十二章　运动损伤及其预防、诊断、评估和康复 ……………………………………………… 163

　第一节　运动损伤概述 …………………………………………………………………………… 163

　第二节　常见运动损伤及其识别和治疗 ………………………………………………………… 167

　第三节　运动损伤的预防策略 …………………………………………………………………… 184

　第四节　运动损伤的诊断与评估 ………………………………………………………………… 186

　第五节　运动损伤的康复治疗 …………………………………………………………………… 187

　思考题 ……………………………………………………………………………………………… 189

参考文献 …………………………………………………………………………………………… 190

第一部分
理论篇

代数一卷

第三版

第一章 体能训练概述

第一节 体能训练的相关概念

一、体能的定义

体能主要是指人体适应生活和环境等的能力,是人体各器官、系统在运动中的综合表现。

1984年由上海辞书出版社出版的《体育词典》认为:"体能是人体各器官、系统在体育活动中表现出来的能力;体能主要由力量、速度、耐力、灵敏性和柔韧性等基本身体素质和人体的走、跑、跳跃、投掷、攀登、爬越、悬垂和支撑等基本活动能力两部分构成。"2000年版全国体育院校通用教材《运动训练》将体能定义为"运动员机体的基本运动能力,包括身体形态、身体机能和身体素质"。

体能在英文中的表述有 physical fitness、strength training and conditioning、physical conditioning 等。美国运动医学会将体能定义为"有机体在不过度疲劳的情况下,以最大活力愉快地参与休闲活动的能力、应付不可预测的紧急情况的能力和从事日常工作的能力"。

二、体能的分类

体能可以分为两类:一类是与健康有关的体能,称为健康体能(health-related physical fitness);另一类是与竞技体育有关的体能,称为竞技体能。表1-1列出了两类体能所涉及的内容。

健康体能贯穿人的一生。按照年龄阶段划分,体能包括青少年体能、老年人体能等;按照特殊职业划分,体能包括军人体能、警察体能、消防员体能和宇航员体能等。

竞技体能包含一般体能和专项体能。

(一)健康体能

世界卫生组织对健康的定义为"Health is a state of complete physical, mental and social well-being and not merely the absence of disease or infirmity",即健康是指身体、心理及社会适应方面的良好状态,而不仅仅是没有疾病和虚弱的状态。健康包括身体健康、心理健康、情绪健康和职业健康等诸多方面。

健康体能是指个人除足以胜任日常工作外,还有余力参与休闲活动,并具备应对压力和突如其来的变化的身体适应能力。在我国香港、台湾等地区,健康体能也称为"体适能",其强调身体活动的生理、生化基础。

（二）竞技体能

竞技体能是竞技能力的重要组成部分，是运动员提高运动技能、战术水平和创造优异成绩所必需的各种身体运动能力的综合，包括身体形态、身体机能、动作模式和运动能力等。运动员的体能水平主要通过力量、速度、耐力、柔韧性、灵敏性、协调性等运动素质表现出来。

表 1-1 健康体能和竞技体能所涉及的内容

分类	健康体能	竞技体能
内容	身体成分 心肺耐力 肌力和肌耐力 柔韧性 神经肌肉松弛程度	身体成分 心肺耐力 肌力和肌耐力 速度 爆发力 柔韧性 灵敏性 协调性 神经肌肉松弛程度
对象	普通人群	运动员
目标	身体健康 生活优质	运动表现最佳 在竞赛中取得优异成绩

尽管健康体能和竞技体能有所不同，但它们之间也存在着联系（图 1-1）。良好的健康体能是发展竞技体能的基础，它可以提供更好的身体条件和更强的适应能力，有助于运动员在竞技运动中表现出色。此外，竞技体能的训练也可以对健康体能产生积极的影响，提高身体的健康水平。例如：进行有氧运动既能提高心血管耐力，有助于身体健康，也能为竞技运动提供更好的耐力基础；发展肌肉力量和柔韧性既可以提高竞技体能，也可以改善身体的姿态和减少运动损伤的风险。

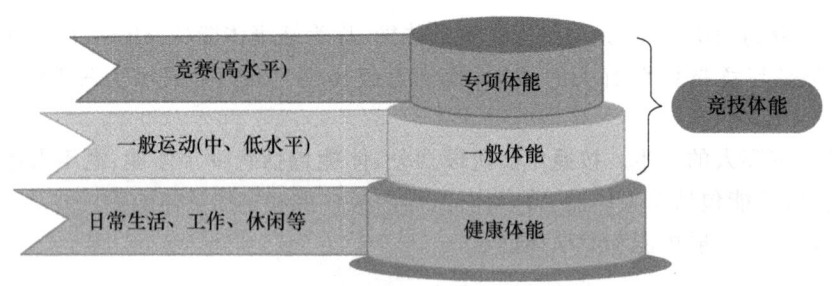

图 1-1 健康体能与竞技体能的关系

三、体能训练的定义

目前，国内体能的研究对象主要是竞技体能。

体能训练的内容包括一般体能训练和专项体能训练。表 1-2 列出了二者的区别。

表 1-2　一般体能训练与专项体能训练的区别

体能训练	一般体能训练	专项体能训练
任务	① 提高各器官系统机能，促进身体健康 ② 全面发展运动素质 ③ 改善身体形态 ④ 掌握非专项的运动技术、技能和知识 ⑤ 为提高运动技术水平创造一定的条件	① 提高与专项运动有关的器官、系统机能 ② 最大限度地发展专项运动素质 ③ 塑造专项运动所需的体形 ④ 精确掌握与专项运动技术、战术有关的知识和技能 ⑤ 促进专项运动成绩和技术水平的提高
内容	对全面发展运动素质、身体机能有益的身体练习，如球类、体操、举重等运动	直接发展专项运动素质的练习，以及在动作特点上与专项动作结构相似的练习或有紧密联系的专门性练习
作用	为专项运动素质的全面发展和专项运动成绩的提高打好基础	直接提高专项运动素质，促使运动员创造优异的专项运动成绩

体能训练是运动员竞技训练的重要组成部分，是指为提高运动员身体运动能力，结合专项运动需要并通过合理负荷的动作练习，改善身体形态，提高身体机能，发展运动素质，对其身体结构和功能进行有目的改善，从而促进竞技水平提高的训练过程。

体能训练一般包括力量训练、速度训练、耐力训练、灵敏性训练、协调性训练和柔韧性训练等。其主要目的是提高运动员的健康水平、基本运动能力和专项运动能力，预防和减少运动损伤，促进运动员伤后的功能恢复。

四、大学生体能训练的相关概念

(一) 体育

体育(physical education)是一种复杂的社会文化现象，它是一种以身体与智力活动为基本手段，根据人体生长发育、技能形成和机能提高等的规律，旨在促进全面发展、提高身体素质与全面教育水平、增强体质、提高运动能力、改善生活方式、提高生活质量的有意识、有目的、有组织的社会文化活动。

体育的定义有广义和狭义之分。广义的体育是指体育运动，包括体育教育、竞技运动和身体锻炼3个方面；狭义的体育即身体教育，是通过身体活动，增强体质，传授锻炼身体的知识、技能，培养道德和意志品质的有目的、有计划的教育过程。体育是教育的组成部分，是培养全面发展的人的一个重要方面。

(二) 学校体育

从社会身份角度分析，大学生的体育参与属于学校体育。

学校体育是指以在校学生为参与主体的体育活动，旨在通过培养学生的体育兴趣、态度和习惯，掌握体育运动知识和技能，增强学生的身体素质，培养学生的道德和意志品质，促进学生的身心健康。

学校体育包括体育教学、课外体育活动、运动队训练和各种形式的比赛等。良好的体能储备是大学生适应大学生活、完成体育课程学习、参加运动训练及体育比赛的前提条件。

(三) 大学生体能训练

大学生体能训练是指大学生在校期间为适应学校、社会生活，完成体育课程学习，积极参加课外体育活动和竞赛等而进行的身体练习,其目标是增强体质、促进健康和提高体育素养。

大学生处于青少年时期末端,其身体机能相对成熟。大学生体能训练的任务是通过合理的体育教育和科学的体育锻炼过程,使学生在运动参与、运动技能、身体健康、心理健康和社会适应等方面得到全面提升,为日常生活、体育课程学习和体育运动奠定良好的体能基础。

第二节 大学生体能训练的作用和原则

一、大学生体能训练的作用

(一)促进身体健康

身体健康是大学生适应日常学习和生活、参与休闲和体育活动的必要条件。体能训练能够改善心血管系统、中枢神经系统、呼吸系统的机能,增强骨骼、肌肉、肌腱和韧带等运动器官的功能;能够帮助人们克服生物惰性,促进人体新陈代谢;能够有效地提高机体对外界环境的适应能力和对疾病的抵抗能力,从而有效地促进大学生的身体健康。

(二)发展运动素质

体能训练的内容涉及心肺耐力、肌力及肌耐力、柔韧性等方面。系统的、有计划的体能训练能够有效提高大学生的力量水平、发展速度和耐力素质,促使柔韧性良好发展,增强灵敏素质和协调能力,全面提升各项运动素质。例如,通过力量素质练习提升下肢爆发力,既有助于提升大学生 50 米跑、立定跳远等项目的成绩,也可以提高大学生在篮球、足球等竞赛中的运动表现能力。

(三)承受大负荷体育运动

据统计,在一场高水平足球比赛中运动员在场上的活动距离为 8 000~14 000 米,完成快速冲刺跑 200 次左右,同时还要完成大量的爆发性动作,如快速启动等。足球比赛中的多样化运动动作对人体三大供能系统有不同需求,且其供能方式以无氧供能和有氧代谢混合供能为主。因此,人体为适应大负荷体育运动或比赛强度,需要进行长时间的大负荷训练,以对机体进行生物学改造。

(四)掌握体育专项技能

不同的运动项目对机体运动能力的要求有所不同。例如,50 米跑、100 米跑等项目需要学生具备突出的爆发力、良好的反应速度、快速的移动速度、好的专项柔韧性、较高的对快速运动的协调能力;游泳等项目要求最大限度地提升动作速度和力量水平,并对力量耐力、专项柔韧性和协调性有很高的要求;武术、球类和体操等项目对各项运动素质的要求都很高,并且有些技术动作本身就是运动素质的综合体现。综上所述,只有在充分发展运动项目专项素质的基础上,才能更好地掌握运动技术。例如,负重引体可以有效提升参加游泳项目的学生上肢的划水能力。

二、大学生体能训练的原则

(一) 循序渐进原则

大学生在进行体能训练的过程中必须遵循循序渐进原则,应逐步提高训练的负荷、强度。运动负荷应保持在机体可承受的范围内,刺激越深,练习效果越明显。如果违背循序渐进原则,增加的负荷、内容等超过自身的承受能力,身体就会出现较强的反应,如疲劳、肌肉酸痛等。出现这种反应后,如果不及时减小运动负荷,身体就会受到伤害,如肌肉拉伤、骨折等。

(二) 持之以恒原则

体能训练效果遵循从量变到质变的原则。首先,通过长期坚持锻炼,身体会逐渐适应运动的负荷,进而获得更好的体能、耐力和健康状况。其次,持之以恒的锻炼有助于培养自律和坚韧的品质。养成锻炼的习惯需要一定的毅力和决心,当学生能够坚持不懈地进行锻炼时,这种自律和坚韧会延伸到学生学习、生活的其他方面。最后,寻找训练的动力和支持也很重要。学生可以与自己的朋友一起锻炼,互相鼓励和监督,或者加入运动团体、参加运动课程,从而增加锻炼的趣味性和社交性。

(三) 全面发展原则

全面发展原则主要是指在训练过程中,要确保身体各部位、各系统以及各项体能素质都能得到均衡的发展和提升,避免出现短板或过度训练的情况。在训练过程中,应该根据个人的实际情况和训练目标,合理安排各项素质训练的比例和强度,确保它们之间能够相互促进、协调发展。全面、均衡的训练可以提升身体的整体稳定性和运动表现。

(四) 安全性原则

体能训练应在确保安全的前提下进行,避免过度训练或不当训练导致的伤害。任何体育运动项目和体能训练方法都存在潜在的不安全因素,为避免运动损伤和保证训练质量,学生应具备相应的安全意识。例如:训练前应进行有效的神经肌肉激活,以有效避免肌肉拉伤等现象的发生;训练后应进行自我放松,以显著提升训练效果并促进机体恢复。

(五) 区别对待原则

区别对待原则是指在进行体能训练时,应根据学生的身体状况、体能水平、心理状态以及训练目标等因素,制定并实施有针对性的训练计划。区别对待原则强调个体差异性和个性化训练的重要性,旨在确保每个学生都能获得最佳的训练效果。在训练过程中,还要根据个体的反应和训练进展,及时调整训练计划。如果学生过度疲劳、受伤或出现其他不良反应,那么应及时调整训练内容和强度,以避免对学生身体造成损害。

思 考 题

1. 简述体能的定义和分类。
2. 简述健康体能和竞技体能的关系。
3. 大学生体能训练的原则是什么?

第二章 体能训练的生理学基础

第一节 肌纤维的结构、收缩过程和类型

一、肌纤维的结构

肌肉收缩是机体的一种活动形式,人体的大多数生理功能借此得以实现。人体内的肌肉组织包括骨骼肌、心肌和平滑肌。

(一)肌纤维

肌纤维(又称肌细胞)是肌肉的基本结构和功能单位(图 2-1)。每条肌纤维外面都有一层薄的结缔组织膜,其称为肌内膜。许多肌纤维排列组成肌束,其表面被肌束膜包裹。众多肌束构成肌肉,外面被肌外膜包裹。

肌肉中间的膨大部分为肌腹,两端为没有收缩功能的肌腱。肌腱附着在骨骼上。骨骼肌收缩时通过肌腱牵动骨骼产生运动。

(二)肌原纤维和肌小节

每个肌纤维含有数百至数千条与肌纤维长轴平行排列的肌原纤维(直径为 $1\sim 2~\mu m$),每条肌原纤维都由交替规则排列的暗带(A 带)和明带(I 带)组成。肌原纤维由粗、细两种肌丝组成,其中粗肌丝主要由肌球蛋白组成,细肌丝主要由肌动蛋白、原肌球蛋白和肌钙蛋白组成。肌球蛋白丝和肌动蛋白丝构成骨骼肌的最小收缩单位,即肌小节。在放松的肌纤维中,肌小节的平均长度为 $2.5~\mu m$(1 cm 长的肌肉中大约有 4 500 个肌小节)。

图 2-1 所示为骨骼肌的微观结构。

二、肌纤维的收缩过程

(一)肌丝滑行学说

英国分子生物学家 H. E. Huxley 和 J. Hanson 等人提出的肌丝滑行学说认为,肌肉的缩短是由肌小节中的细肌丝在粗肌丝之间滑行造成的。当肌肉收缩时,由 Z 线发出的细肌丝在某种力量的作用下向 A 带中央滑动,使相邻的各 Z 线互相靠近,肌小节的长度变短,从而导致肌原纤维乃至整条肌纤维和整块肌肉缩短。图 2-2 为骨骼肌的收缩示意图。

第一部分 理论篇

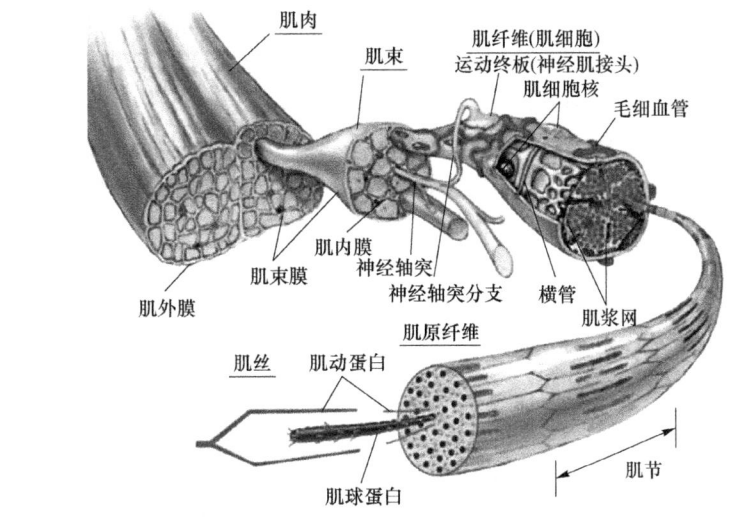

图 2-1　骨骼肌的微观结构

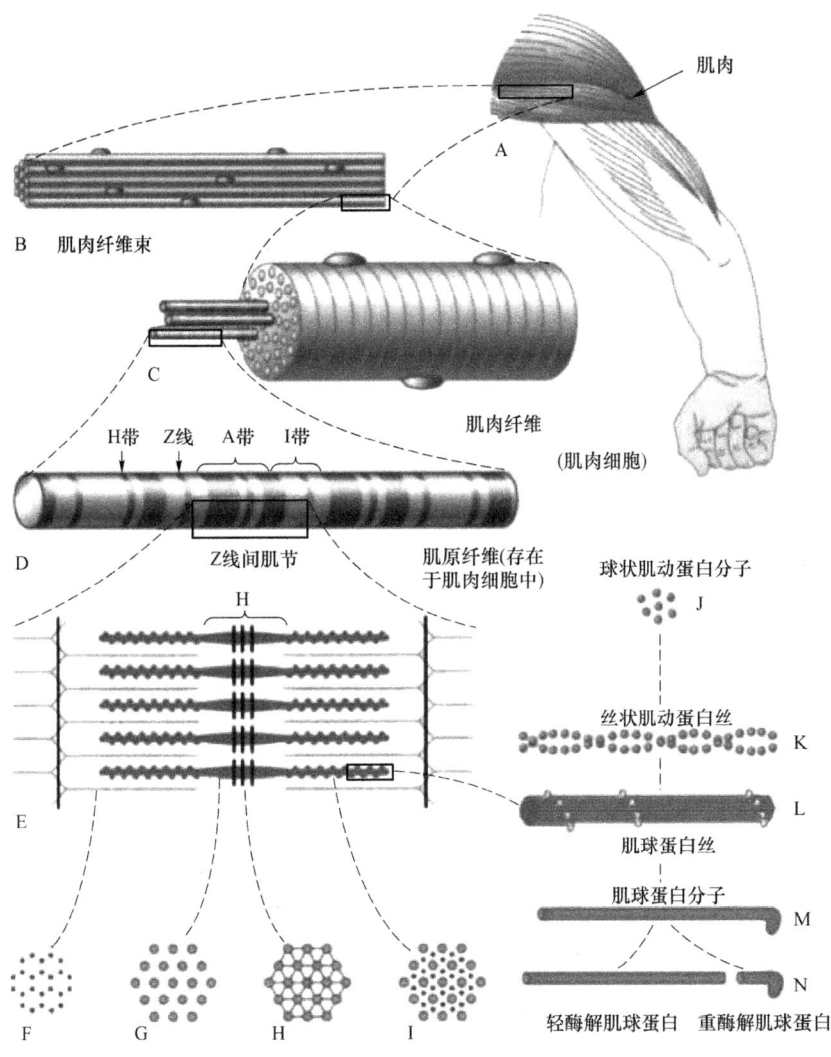

图 2-2　骨骼肌的收缩示意图

(二)肌纤维的兴奋-收缩耦联

通常把以肌细胞膜的电变化为特征的兴奋过程和以肌丝滑行为基础的收缩过程之间的中介过程称为兴奋-收缩耦联(excitation-contraction coupling)。

肌球蛋白横桥在收缩之前,必须与肌动蛋白丝形成连接。当肌质网受到刺激而释放钙离子时,钙离子与肌钙蛋白相结合并使原肌球蛋白产生位移。原肌球蛋白沿着双螺旋结构的肌动蛋白丝沟槽分布。此时,肌球蛋白横桥便可以迅速地与肌动蛋白丝连接,从而在肌动蛋白丝被拉向肌节中央时产生肌力。

肌肉产生的瞬时力量与当时肌肉横截面中与肌动蛋白丝结合的横桥数量直接相关。

三、肌纤维的类型

根据收缩速度,肌纤维可分为快肌纤维和慢肌纤维两类。根据收缩特性和色泽,肌纤维可分为白肌纤维(快缩白肌纤维、快缩红肌纤维)和红肌纤维(慢缩红肌纤维)两类。根据代谢特征,肌纤维可分为快缩糖酵解型肌纤维、快缩氧化糖酵解型肌纤维和慢缩氧化型肌纤维3类。Brooks将肌纤维分为Ⅰ型肌纤维和Ⅱ型肌纤维两类,其中Ⅱ型肌纤维又分为Ⅱa肌纤维、Ⅱb肌纤维和Ⅱc肌纤维3个亚型。肌纤维的不同分类方法如表2-1所示。

表2-1 肌纤维的不同分类方法

划分依据	肌纤维类型
收缩速度	快肌纤维、慢肌纤维
收缩特性和色泽	白肌纤维(快缩白肌纤维、快缩红肌纤维)、红肌纤维(慢缩红肌纤维)
代谢特征	快缩糖酵解型肌纤维、快缩氧化糖酵解型肌纤维和慢缩氧化型肌纤维
Brooks	Ⅰ型肌纤维、Ⅱ型肌纤维(Ⅱa肌纤维、Ⅱb肌纤维和Ⅱc肌纤维)

不同肌纤维的形态、机能和代谢特征也不相同。例如,快肌纤维的直径比慢肌纤维大,且含有较多的收缩蛋白;快肌纤维的收缩速度快,而慢肌纤维的收缩速度慢;快肌运动单位的收缩力量大于慢肌运动单位;慢肌纤维抵抗疲劳的能力强于快肌纤维;快肌纤维的无氧代谢能力强于慢肌纤维,但其氧化脂肪的能力明显弱于慢肌纤维。

研究表明,一般人上下肢的慢肌纤维百分比平均为40%~60%。运动员的慢肌纤维百分比最低为24%,最高达74.2%,不同项目运动员相差很大。参加时间短、强度大运动项目的运动员的骨骼肌中快肌纤维百分比高于参加耐力项目的运动员和一般人;而参加耐力项目的运动员的慢肌纤维百分比高于参加非耐力项目的运动员和一般人;参加既需要耐力又需要速度的项目的运动员(如自行车、竞走等项目的运动员)肌肉中的快肌纤维和慢肌纤维百分比相当。

第二节 物质代谢与能量供应

一、物质代谢

人体与其周围环境之间不断进行的物质交换过程称为物质代谢(material metabolism)。

人体所需要的主要营养物质包括糖类、脂肪、蛋白质、水、无机盐和维生素等。其中,糖类、脂肪和蛋白质三大能源物质所蕴藏的化学能被释放出来,成为机体正常生命活动、运动和训练的主要能量来源。图2-3所示为人体能量代谢的基本情况。

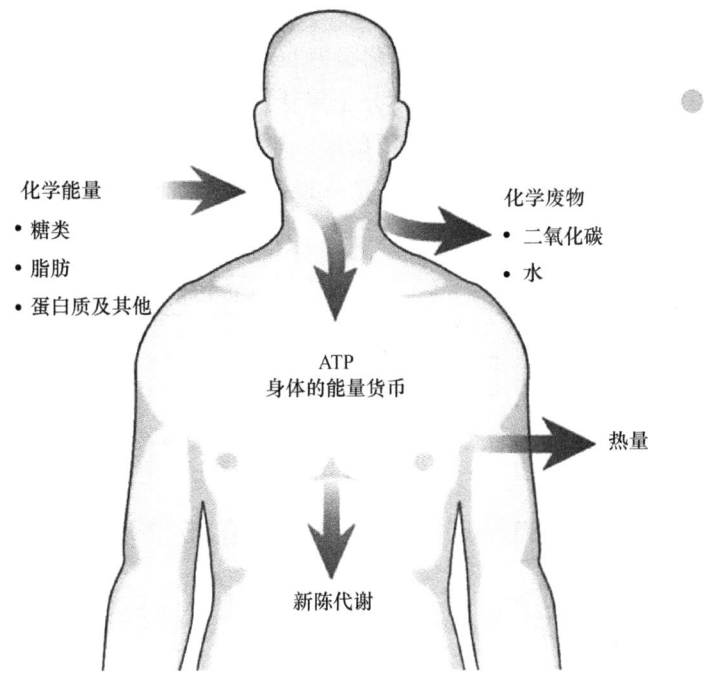

图2-3 人体能量代谢的基本情况

(一) 主要营养物质的生理功能

糖类是人体重要的供能物质,人类每天从糖类获得的能量约占总能量消耗的70%,每克糖平均释放的能量为4.1 kcal(千卡,1 kcal=4.168 kJ)。糖在氧化时所需要的氧少于脂肪和蛋白质,是人体最经济的能源;每氧化一克脂肪平均释放出的能量为9.3 kcal;每克蛋白质在体内氧化分解释放的能量为4.3 kcal。在正常情况下,蛋白质的生理功能用于维持机体的生长发育和组织的更新修补。

体液是细胞进行新陈代谢的内部环境,其主要成分是水和无机盐。无机盐的生理功能包括:调节细胞内外液的容量、渗透压和电中性;维持神经、肌肉细胞的正常兴奋性;维持人体的酸碱平衡等。

维生素虽然不直接参与构成人体细胞,也不为人体提供能量,但却可以在人体中发挥多种关键作用,包括促进生长发育、维护免疫系统、参与生化反应和调节代谢功能等。

(二) 主要营养物质的代谢

1. 糖代谢

(1) 糖在人体内的存在形式

人体内的糖以血糖、肝糖原和肌糖原的形式存在。正常的血糖浓度是人体糖的分解及合成代谢保持动态平衡的标志,正常人的空腹血糖浓度为3.9～6.1 mmol/L。饥饿及长时间运动时,血糖浓度下降,人体会出现工作能力下降及疲劳状态。肝糖原可以迅速分解为葡萄糖,并进入血液以补充血糖含量,维持血糖的动态平衡。

(2) 糖在人体内的分解途径

糖在人体内的分解途径主要有两条,即糖酵解(glycolysis)和有氧氧化(aerobic oxidation)。

① 糖酵解。糖酵解是指在无氧条件下,葡萄糖在细胞质中被分解为丙酮酸的过程,每分解一分子葡萄糖可产生两分子丙酮酸以及两分子腺苷三磷酸(ATP)。在缺氧条件下,丙酮酸可在乳酸脱氢酶的催化下,接受磷酸丙糖脱下的氢,被还原为乳酸。经糖酵解产生的乳酸,一部分在供氧充足时继续氧化分解;另一部分扩散入血液,在肝脏重新转变为糖原或葡萄糖,实现循环利用。图2-4所示为糖酵解过程示意图。

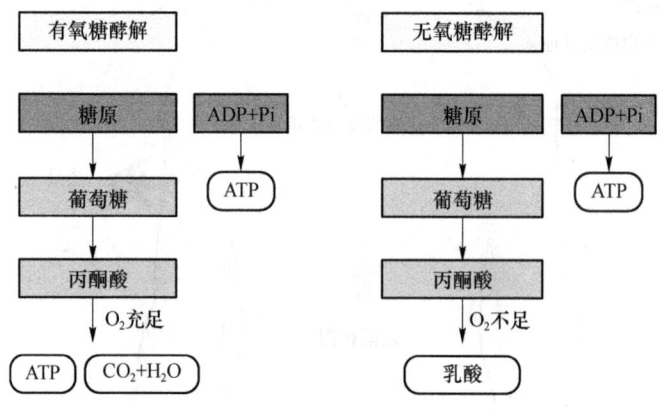

图2-4 糖酵解过程示意图

② 有氧氧化。有氧氧化是指糖原或葡萄糖在有氧条件下彻底氧化产生二氧化碳和水的过程(图2-5)。糖的有氧氧化大致可分为3个阶段:第一阶段,葡萄糖经糖酵解途径分解成丙酮酸;第二阶段,丙酮酸进入线粒体内,经氧化脱羧生成乙酰辅酶A(乙酰CoA);第三阶段,进行三羧酸循环及氧化磷酸化。糖的有氧氧化会生成ATP,给细胞提供能量。

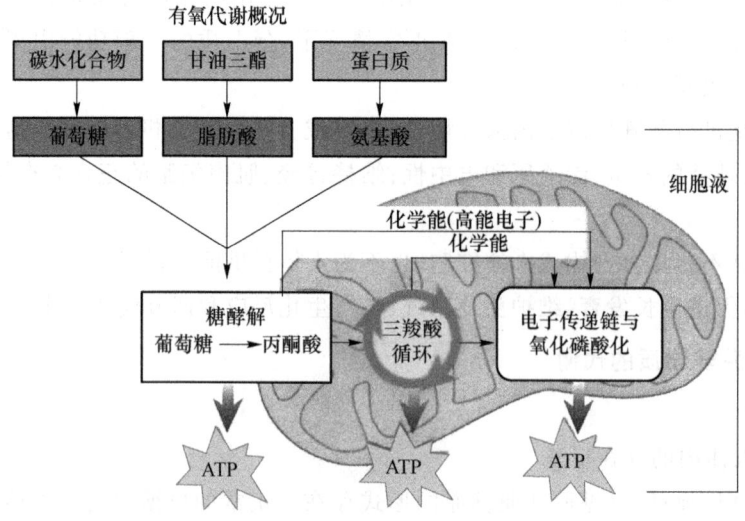

图2-5 糖的有氧氧化

(3) 运动与补糖

研究发现,运动前或比赛中补糖有助于在长时间运动时维持足够的血糖和肌糖水平。一般认为,运动前3～4小时补糖可以增加运动开始时肌糖原的储量,运动前5分钟内或运动开始时补糖效果理想。

2. 脂肪代谢

(1) 脂肪的储备与分解代谢

脂肪主要包括组织脂肪和血脂。组织脂肪分为棕色脂肪和白色脂肪两种,它们通常分布在皮下、内脏以及各个器官(如肺部、肝脏等)的组织内。而血脂则包括中性脂肪、类固醇和类脂,主要存在于血液中。脂肪在人体内发挥众多功能,包括能量储存与供应、维持体温、保护内脏器官、促进维生素吸收、参与激素合成和改善血液流动等。

在脂肪酶的作用下,脂肪分解成甘油和脂肪酸,随后甘油和脂肪酸分别被氧化成二氧化碳和水,释放出大量的能量,用于合成ATP(图2-6)。脂肪的分解代谢受多种因素(包括饮食、运动、激素水平等)的影响。人体长期摄入高脂肪食物或缺乏运动会导致脂肪堆积,增加肥胖和患心血管疾病的风险。

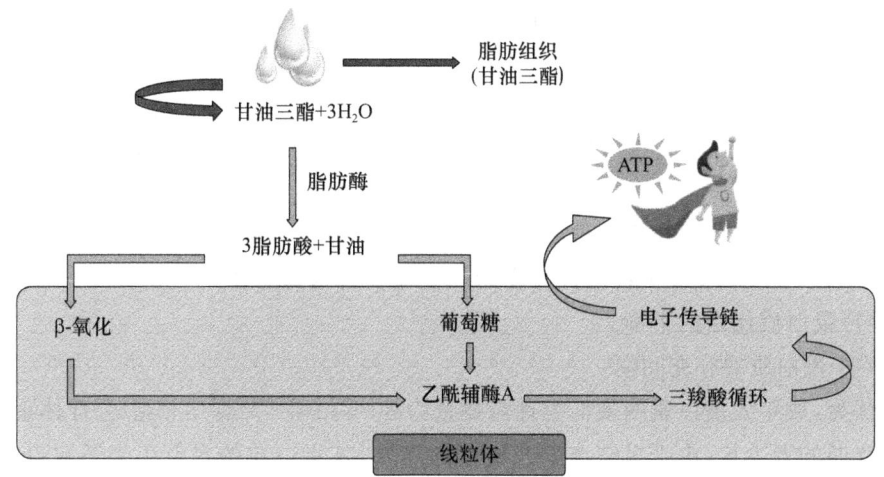

图2-6 脂肪的代谢过程

(2) 脂肪代谢与运动减肥

BMI即Body Mass Index,是目前国际上常用的衡量人体胖瘦程度以及是否健康的一个标准。一般情况下,BMI值为18.5～23.9代表正常,BMI值小于18.5代表体重过低,BMI值为24.0～27.9代表超重,BMI值大于28.0代表肥胖。BMI的计算公式如下:

$$BMI = 体重(kg) \div 身高(m)的平方$$

1985—2008年,我国大学生的超重率和肥胖率呈显著上升态势。其中,男生的超重率及肥胖率上升速度更为显著,大学生肥胖率在2008年达到最大值15.1%。

体内脂肪的堆积是由于人体摄入的热量多于人体所需的热量,过多的能量在体内转化为脂肪。运动减肥通过增加肌肉的能量消耗,促进脂肪的氧化分解,降低运动后脂肪酸进入脂肪组织的速度,抑制脂肪的合成,从而达到减肥的目的。研究显示,单纯运动或单纯节食的减肥效果均不如采取运动与节食相结合的方式。

3. 蛋白质代谢

（1）蛋白质在体内的代谢

蛋白质是生命的物质基础,是细胞的主要构成成分。蛋白质在人体内的代谢是一个复杂且精细的过程。食物是人体摄取蛋白质的主要来源,蛋白质在胃和小肠中被消化酶分解成氨基酸,这些氨基酸通过小肠绒毛吸收进入血液,被输送到全身各个部位。在细胞内,氨基酸经过一系列的生物化学反应,合成新的蛋白质,或者转化为其他生物分子,如脂肪和糖类,以满足身体不同的能量需求。蛋白质用于修复和更新身体组织,维持正常的生理功能。图 2-7 所示为蛋白质的代谢。

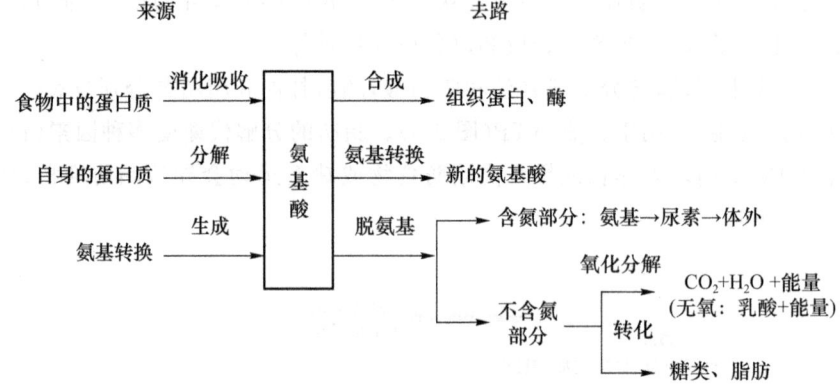

图 2-7 蛋白质的代谢

同时,体内的蛋白质也在不断地分解和代谢。当人体不再需要蛋白质时,它们会被分解成更小的分子,最终生成尿素和其他含氮废物。这些废物通过肾脏的过滤作用,随尿液排出体外,从而维持蛋白质代谢的平衡。

（2）关于蛋白质的补充问题

一般认为,成年人蛋白质的最低生理需要量为 30～45 克/天或 0.8 克/公斤体重。对于处于生长发育期的青少年,由于组织增长及重建的需要,其蛋白质的最低生理需要量为 2.5～3 克/公斤体重。

大学生在参与体能训练的过程中,特别是在力量、耐力素质训练过程中,需要及时补充蛋白质,以促进肌肉蛋白质的合成,帮助体能恢复正常。

4. 水代谢

水是人体最大的组成部分,占人体体重的 45%～75%。水在人体内主要以两种形式存在:一种是自由水,它可以在体内自由流动,起到载体和运输工具的作用,例如在血液、组织液和淋巴液中都能发现它的存在;另一种是结合水,它与各种亲水胶体(如蛋白质、磷脂等)和各种离子结合,形成组织和器官的一部分,对维持身体的正常形态至关重要。

水在体内的代谢是一个复杂而精细的过程。水进入人体后,通过口腔、食道、胃和肠道,部分水被小肠的上皮组织吸收进入血液。这部分水随着血液流动,被输送到身体的各个器官和部位,参与各种生理活动。在代谢过程中,水分子不仅作为溶剂,帮助溶解和运输营养物质和代谢产物,还参与水解反应,将大分子物质分解成小分子物质。此外,水还参与体内的氧化、还原、合成、分解等化学反应,是体内生化反应的介质,保证各种化学物质在体内正常代谢。多余的水分则通过肾脏的过滤作用形成尿液,经过输尿管进入膀胱并最终排出体外。同时,皮肤也是水分排泄的重要通道。

在剧烈运动时,由于气温、运动强度及运动持续时间等因素的影响,人体可能出现不同程度的水分丢失,这种现象称为被动脱水。研究显示,长时间运动导致脱水量大于体重的2.5%时,运动能力降低44%。中度脱水时,身体会出现心率加快、体温升高、血压下降等症状;重度脱水时,可能会出现呼吸加快、肌肉抽搐,甚至昏迷,严重威胁身体健康和生命安全。

5. 无机盐代谢

人体内无机盐的种类繁多,目前在人体中已经检出的已知自然界存在的元素有81种。根据体内含量的不同,人体内的无机盐可分为宏量元素和微量元素两种。宏量元素包括氧、碳、氢、氮(共占人体质量的96.6%),还包括钾、钠、钙、磷等,它们是构成机体的主体成分。无机盐的生理意义在于维持机体内的渗透平衡、酸碱平衡及电解质平衡,同时无机盐也是维持神经肌肉兴奋性的主要因素。世界卫生组织确认的人体必需微量元素有锌、铜、铁、碘等14种,其生理意义多与维生素、激素、酶等的生物学活性有关。

无机盐在维持人体正常生理功能中起着重要作用。例如:钠离子是体内浓度很高的无机盐,对于维持细胞膜的稳定性和体液平衡至关重要;钾离子则是细胞内液中含量很高的阳离子,参与细胞内平衡调节、神经传导和肌肉收缩等生理过程;钙离子对于维持骨骼健康、神经传导和肌肉收缩等至关重要。

在运动中,大量出汗会导致机体水分和无机盐不同程度的丢失,其中丢失的无机盐以氯化钠为主。这种丢失可能导致血液浓缩、血容量减少、体温调节能力下降、体温升高、心率加快、尿量减少以及代谢废物堆积,进而引发疲乏无力、运动能力下降和热适应能力降低等问题。

6. 维生素代谢

维生素(vitamin)是维持细胞正常生理功能所必需的低分子有机化合物。人体对维生素的需求量极小。维生素可以分为脂溶性维生素和水溶性维生素两类。脂溶性维生素包括维生素 A、D、E、K 等;水溶性维生素包括叶酸、硫胺素(维生素 B_1)、核黄素(维生素 B_2)、抗坏血酸(维生素 C)等。

大多数维生素,特别是B族维生素,能够激活能量的生成过程。维生素 A、C、E 等抗氧化维生素能防止细胞膜脂质过氧化,防止红细胞膜受损,维持运动中细胞的正常功能。维生素 D 是钙代谢的调节剂,钙在肌肉的兴奋-收缩耦联中具有重要的中介作用。

二、人体运动时的能量供应

(一) 骨骼肌收缩的能源——ATP

ATP是机体各器官、组织和细胞能利用的直接能源。它是一种核苷酸,由腺嘌呤、核糖和3个磷酸基团连接而成(图2-8)。ATP在细胞中的含量很少,但其转化速度很快,可以迅速转化为 ADP 和 Pi,同时释放能量。释放的能量可以用于各种生命活动,如细胞分裂、肌肉收缩、神经传导等。

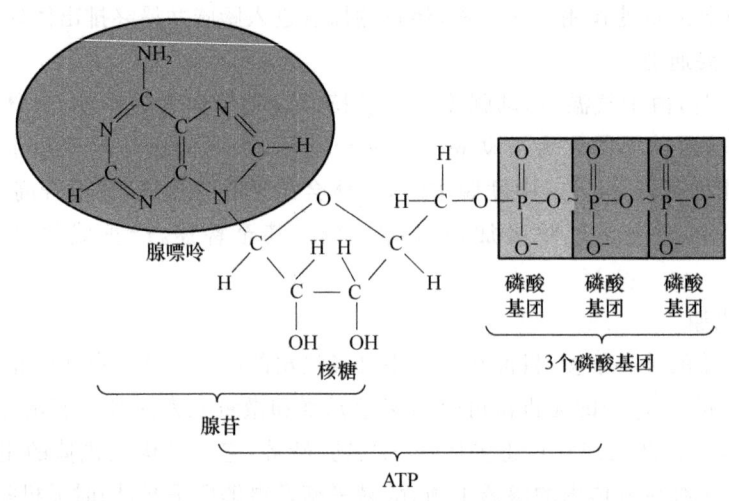

图 2-8　ATP 的结构示意图

(二) 3 个能源系统的特征

人体在各种运动中所需要的能量由 3 种不同的能源系统供给,它们分别是磷酸原系统(phosphagen system)、酵解能系统(glycolytic system)和氧化能系统(oxidation energy),如表 2-2 所示。

表 2-2　人体 3 个能源系统的特征

能源系统名称	底物	储量/mmol·kg^{-1}	可合成 ATP 量/mmol·kg^{-1}	可供运动时间	供给 ATP 恢复的物质和代谢产物
磷酸原系统	ATP CP	4～6 15～17	100	6～8 秒	CP CP+ADP→ATP+C
酵解能系统	肌糖原	365	250	2～3 分钟	肌糖原→乳酸
氧化能系统	肌糖原 脂肪	365 49	13 000 不受限制	3～5 分钟 1～2 小时	糖→CO_2+H_2O 脂肪→CO_2+H_2O 蛋白质→CO_2+H_2O+尿素

1. 磷酸原系统

磷酸原系统又称 ATP-CP 系统。它主要通过分解磷酸肌酸(CP)来快速提供能量,是高强度、短时间运动的主要供能方式。在磷酸原系统中,ATP 是直接的供能物质,但其储存量有限。CP 则可以通过磷酸肌酸激酶的作用迅速分解,将其高能磷酸键转移给 ADP,生成新的 ATP。这一过程非常迅速,可以在短时间内提供大量能量。

磷酸原系统的特点是供能速度快,但持续时间短。它主要用于高强度、短时间的运动,如短跑、举重、跳跃等。由于其快速供能的特点,磷酸原系统对于需要爆发力和速度的运动项目至关重要。

2. 酵解能系统

酵解能系统又称糖酵解系统。糖酵解是将葡萄糖分解为丙酮酸并产生少量能量的过程。这个过程发生在细胞质中,不需要氧气参与。在无氧条件下(如剧烈运动时),酵解能系统会迅速启动,为细胞提供能量。

酵解能系统的优点是反应速度快,可以在短时间内提供大量能量。然而,它产生的能量相对较少,而且产生的副产物(如乳酸)如果不能及时清除,可能会导致肌肉疲劳和酸痛。

在有氧条件下,细胞更倾向于通过有氧氧化来产生能量,因为这种方式效率更高,产生的能量更多,而且不会产生大量乳酸。但是,在某些情况下,如高强度运动的初始阶段或氧气供应受限时,酵解能系统仍然起着重要作用。

3. 氧化能系统

氧化能系统也被称为有氧能系统或氧化能供能系统。它是在氧供应充足的条件下,糖类、脂肪和蛋白质在细胞内(主要是在线粒体内)彻底氧化生成二氧化碳和水,并在此过程中合成 ATP 的能量系统。

氧化能系统的特点是 ATP 生成总量很大,但生成速度相对较慢。由于需要氧气参与,该系统不产生乳酸类的副产品。理论上,体内储存的有氧氧化燃料,特别是脂肪,是不会耗尽的,因此该系统供能的最大容量可认为无限大。据计算,该系统的最大供能速率或输出功率为 $15\ \text{J}/(\text{kg}\cdot\text{s})$。

总体来说,氧化能系统是维持长时间运动的重要能量来源,其稳定的能量输出和丰富的贮备量使得人体能够进行长时间的耐力活动。

思 考 题

1. 简述肌纤维的结构及类型。
2. 简述人体 3 个能源系统的特征。

第三章 体能训练的解剖学基础

第一节 人体组成的结构基础

人体组成的最小单位是元素,如氧、碳、钙等。元素构成有机化合物分子和水分子等,这些分子聚集成细胞,具有相同功能的细胞聚集成组织。组织按一定方式组合,形成具有特定功能的器官。结构上连续或功能上相关的器官组成拥有某一特定功能的系统。这些系统结合成为个体,也就是人体。

一、细胞

(一)细胞的形态和大小

细胞是组成人体结构和功能的基本单位。细胞的形态多种多样,有扁平形、立方形、柱形、梭形、球形和星形等。每一种细胞在结构和功能上既有独立性又相互联系,并保持相对稳定的外形特征。例如:红细胞为圆盘形,便于在血液中运输氧分子;肌细胞为圆柱形或长梭形,便于变化长度,完成收缩功能;神经细胞长有许多长短不同的胞突,便于细胞信息的传递和交流。各种类型的人体细胞如图 3-1 所示。

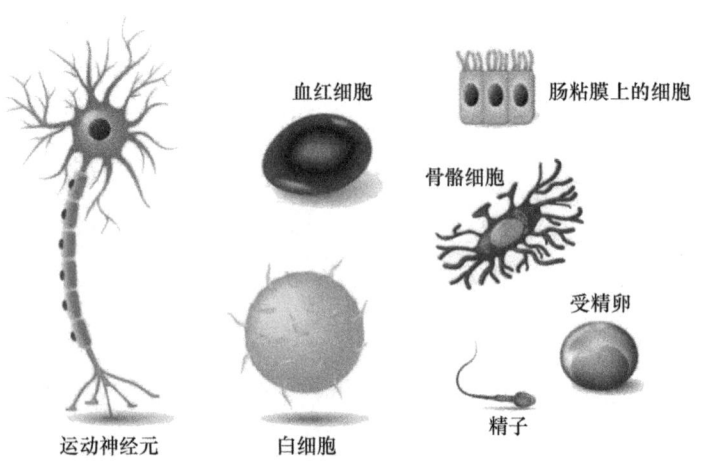

图 3-1 各种类型的人体细胞

人体细胞在大小上也存在明显差异。卵细胞较大,其直径可达 200 μm;小脑颗粒细胞的直径只有 4 μm;骨骼肌为多核细胞,其纤维长度为 1~40 mm,最长可达 15 cm;脊髓运动神经细胞的轴突长达 1 m 以上。

(二) 细胞的结构

细胞由细胞膜、细胞质和细胞核 3 部分组成,如图 3-2 所示。

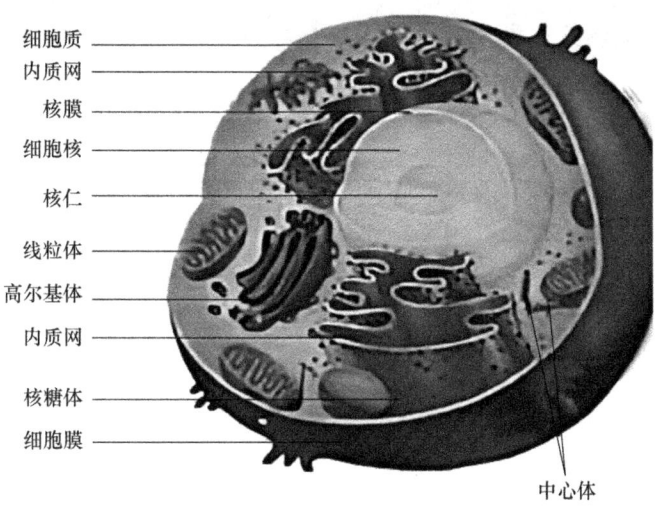

图 3-2 细胞的结构

细胞膜位于细胞的外层,其一般厚度约为 5 nm。细胞膜主要由磷脂分子和蛋白质组成,具有高度的选择通透性,能够控制物质进出细胞,保持细胞的内、外环境稳定,并参与细胞间的信息交流。

细胞质是细胞膜和细胞核之间的区域,它包含许多细胞器,如线粒体、内质网、高尔基体、核糖体等。这些细胞器各自承担着不同的生理功能。例如:线粒体是细胞的"动力工厂",负责提供细胞活动所需的能量;内质网则参与蛋白质的合成和运输;核糖体是蛋白质合成的场所。

细胞核是细胞的控制中心,它包含了细胞的遗传物质——DNA。DNA 与蛋白质结合形成染色体,染色体存储着细胞的遗传信息。细胞核通过调控基因的表达,控制着细胞的代谢、生长和分化。

(三) 人体的染色体

人体的染色体是遗传物质,也是基因的载体。它们主要由 DNA 和组蛋白构成,具有双螺旋结构,并能进行自我复制。染色体在细胞分裂时会高度螺旋缠绕,形成棒状结构。在细胞分裂间期,它们则以染色质的形态存在,呈线性。

如图 3-3 所示,人体的体细胞染色体数目为 23 对,其中 22 对为男、女所共有,称为常染色体,另外 1 对为决定性别的染色体(男、女不同),称为性染色体。男性的性染色体为 XY,而女性的性染色体为 XX。

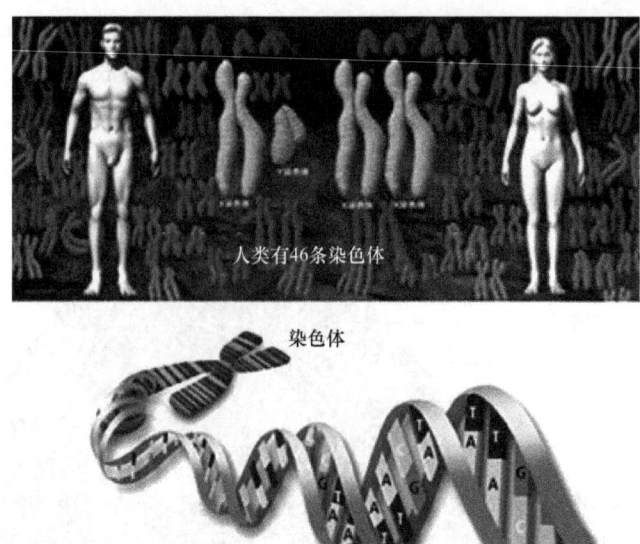

图 3-3 人类染色体示意图

二、组织

组织是构成人体器官的基本成分,由形态结构相似和功能相同的细胞和细胞间质构成。根据其结构和功能特点,它可划分为上皮组织、结缔组织、肌组织和神经组织 4 类。

(一)上皮组织

上皮组织是由大量形状规则、排列紧密的细胞和极少量细胞间质组成的人体重要组织。它具有明显的极性,朝向体表或器官腔内的一面称为游离面,而与游离面相对的一面称为基底面。由于功能需求差异,人体的不同部位和器官的细胞游离面展现出与之相适应的独特结构特点。基底面则通过基膜与结缔组织相连接,上皮组织所需的营养主要由结缔组织中的血管透过基膜提供,如图 3-4 所示。

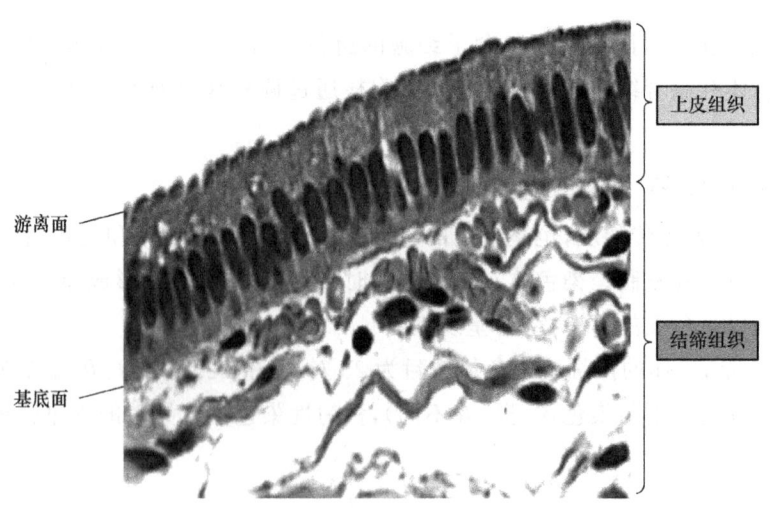

图 3-4 上皮组织和结缔组织示意图

上皮组织可以分为多种类型,包括扁平上皮、立方上皮、柱状上皮、角质化上皮、非角质化上皮和过渡上皮等。上皮组织在人体中的功能主要包括屏障功能、吸收功能、体温调节功能、物质代谢功能和感官功能等。它可以保护内部器官和组织免受外部有害物质的影响,吸收一些药物以治疗疾病,也可以感受外界温度的变化并调节体温,参与碳水化合物、蛋白质、脂质、水和电解质的代谢过程,以及感受味觉和嗅觉等感官刺激。

(二) 结缔组织

结缔组织是一种广泛分布于身体各个部位的组织,具有多种重要的功能。它由细胞和大量细胞间质组成,细胞间质包括液态、胶体状或固态的基质,细丝状的纤维和不断循环更新的组织液。

结缔组织可以分为多种类型,包括疏松结缔组织、致密结缔组织、脂肪组织、网状组织、软骨组织、骨组织、血液和淋巴等。

疏松结缔组织主要填充在人体内各器官或组织间的间隙,起到保护、支持和填充的作用;致密结缔组织富含纤维,具有弹性,主要参与构成眼睛巩膜、肌腱、器官的被膜、韧带等组织;脂肪组织则是一种内分泌器官,具有保护组织和器官的功能,能够防止器官受到外界的损害。此外,结缔组织还具有免疫防御、维持体内环境稳定、连接和修复组织、保持血管通畅以及保持骨骼健康等多种功能。它能够连接人体的上、下组织,起到支撑、连接、修复等作用。

(三) 肌组织

肌组织主要由肌细胞组成,肌细胞之间有少量的结缔组织、血管和神经。根据肌纤维的存在部位、结构和功能的不同,可将肌组织划分为骨骼肌、平滑肌和心肌 3 类。

(四) 神经组织

神经组织是由神经细胞和神经胶质细胞组成的。神经细胞又称神经元,是神经结构和功能的基本单位,具有感受刺激、产生兴奋和传导冲动的功能。神经胶质细胞具有支持、滋养和修复神经元等多种功能。神经组织是构成神经系统的主要成分,遍布全身各器官,可调节机体的器官活动,从而让机体适应内、外环境的变化。

三、器官与系统

器官是由几种不同组织有机结合、具有某种生理功能的结构。例如,肾脏包括肾小球、肾小管和肾间质,它的作用是维持体内的水盐平衡、排泄代谢废物、调节体内的酸碱平衡和分泌激素等。

系统是由一些具备不同功能的器官通过特定的方式组合在一起,形成的能够完成特定生理功能的结构集合。例如,运动系统在神经系统的支配下可完成人体各种动作。

人体由 8 个系统组成,即运动系统、神经系统、内分泌系统、循环系统、呼吸系统、消化系统、泌尿系统和生殖系统。虽然这 8 个系统都有各自的功能,但它们在神经系统和内分泌系统的调节下,相互联系、相互制约、彼此协调,可让人体适应内、外环境的变化,共同完成人体统一的生命活动。

第二节 运动系统

人体的运动系统是由骨骼、骨连结和骨骼肌等组成的,占成人体重的60%～70%。无论是简单的手足动作,还是复杂的全身动作,都是以骨骼为杠杆、以关节为枢纽、以骨骼肌收缩为动力实现的。

一、骨骼

(一)骨骼的分类

成年人全身的骨骼共有206块。按照骨骼所在部位,其可以分为中轴骨和四肢骨两部分,如图3-5所示。中轴骨包括颅骨和躯干骨,共有80块,其中颅骨有29块,躯干骨有51块;四肢骨与中轴骨相连,包括上肢骨和下肢骨,共有126块,其中上肢骨有64块,下肢骨有62块。

全身骨骼按照形态可以分为长骨、短骨、扁骨和不规则骨4类。

长骨呈长管状,可分为两端膨大的骨骺和中央的骨体两部分。骨骺表面光滑,称为关节面,与相邻骨的关节面构成关节。骨体内的管状空腔称为骨髓腔,内含骨髓。长骨主要分布于四肢,在运动中起杠杆作用。短骨的形状近似为立方体且其成群分布,主要分布于腕部和踝部。短骨的关节面更多,它可以与更多的骨构成关节。扁骨呈板状,面积较大,薄而坚固,主要分布于颅骨、髂骨和肩胛骨。不规则骨形态各异,包括椎骨、下颌骨等。

(二)骨骼的构造

活体骨是由骨膜、骨质、骨髓以及血管、神经等组成的。

骨膜由结缔组织构成,分为骨外膜和骨内膜两部分。骨外膜内含有成骨细胞和破骨细胞,并有丰富的神经、血管,与骨的生长发育和修复有关。骨质由骨组织构成,根据结构、分布和功能的不同,可以分为骨松质和骨密质两类。骨松质分布于长骨的两端,骨密质分布于长骨的骨干。骨髓是骨骼中的一种柔软组织,对人体的免疫系统和血液循环系统至关重要,存在于骨髓腔和骨松质的网眼内,分为红骨髓和黄骨髓两类。骨髓的功能是制造血细胞(如红细胞、白细胞和血小板等),以及储存干细胞和矿物质。

(三)骨骼的功能

骨骼构成人体的框架,其功能有:为人体提供支持、维持体型;保护重要的器官,如颅骨保护着大脑,胸骨和肋骨保护着心脏和肺等;通过为肌肉提供坚实的附着点和杠杆作用,辅助运动;参与造血过程。

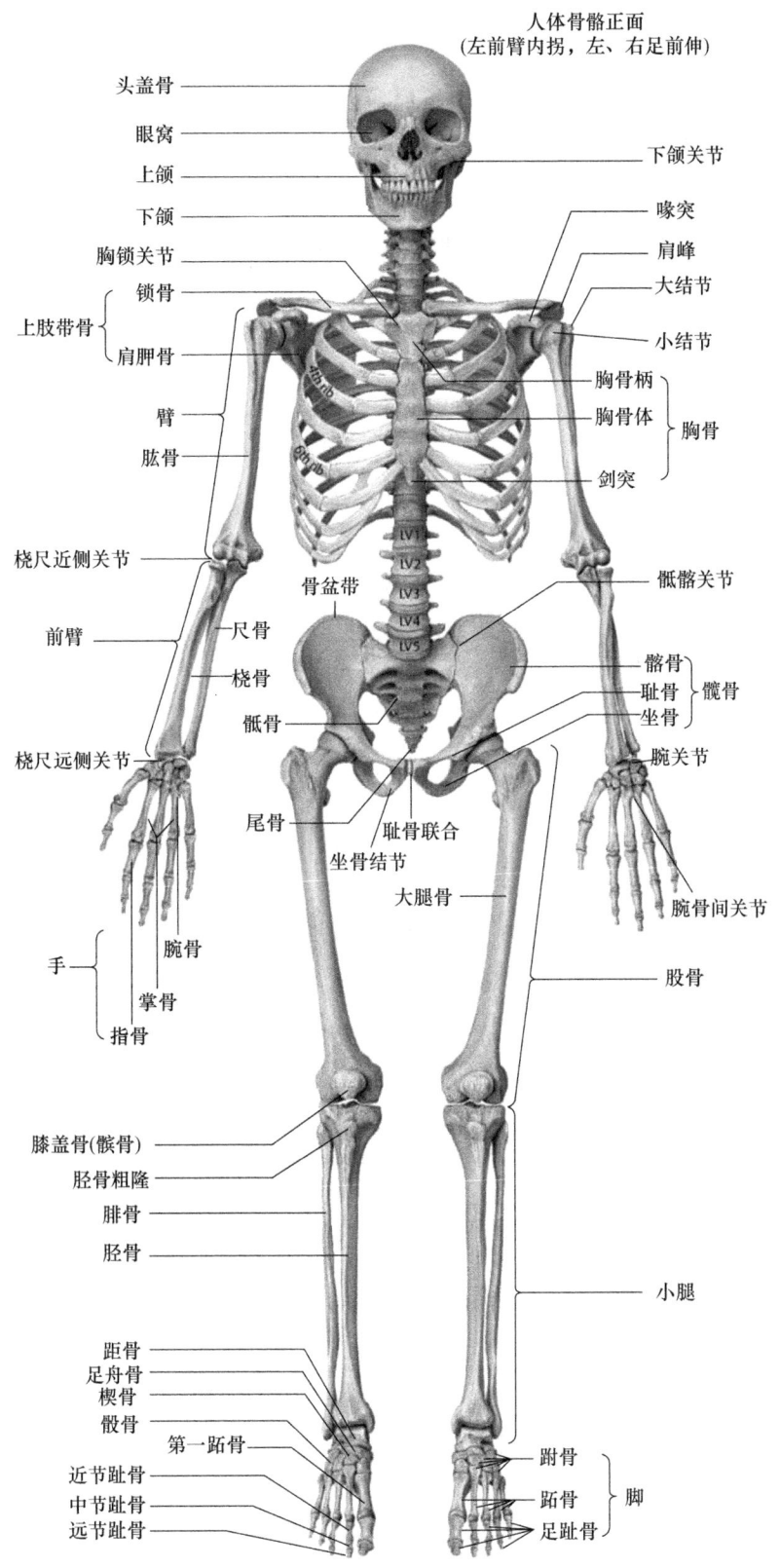

图 3-5 全身骨骼

二、关节系统

(一) 关节的结构

关节是骨连结的一种方式,其重要功能是参与运动。

关节由关节面、关节囊和关节腔3部分组成,具有伸展、屈曲、旋转、活动等多种功能,如图3-6所示。关节面是两个以上相邻骨的接触面,其中略凸的一面叫关节头,略凹的一面叫关节窝。关节面上覆盖着一层光滑的软骨,它可以减少运动时的摩擦,并且具有弹性,能减缓运动时的震动和冲击。关节囊外层为纤维层,内层为滑膜层,滑膜层可分泌滑液,从而进一步减少运动时的摩擦。关节腔则是关节软骨和关节囊围成的狭窄间隙,里面含有少许滑液。

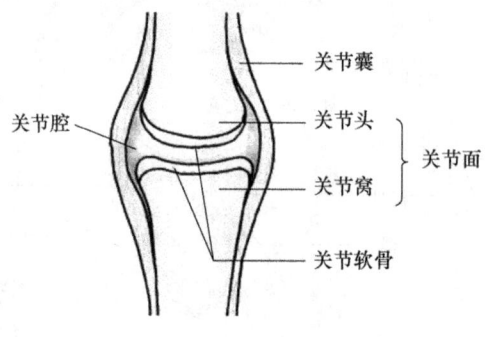

图 3-6 关节的结构

(二) 关节的分类

按关节面的形状分类,关节可以分为球窝关节、平面关节、椭圆关节、鞍状关节、滑车关节和车轴关节5类;按关节运动轴的数目分类,关节可分为单轴关节、双轴关节和多肘关节3类;按照关节活动范围分类,关节可分为不动关节、微动关节、可动关节3类,如表3-1所示。

表 3-1 关节的分类

类型	运动范围	结构特点	例子
不动关节	不能活动	骨与骨之间通过纤维结缔组织(如胶原纤维)直接连接,无关节腔、关节囊等结构	颅骨、下颌骨
微动关节	轻度活动	骨与骨之间通过透明软骨或纤维软骨直接连接,无关节腔,但部分关节(如耻骨联合)周围有薄层结缔组织包裹	耻骨联合、脊柱
可动关节	随意活动	相邻两骨的接触面,一般为凸凹结构(如肱骨头与关节盂),表面覆盖关节软骨(多为透明软骨)	髋关节、肘关节、膝关节

(三) 关节与运动

关节的运动主要表现为骨骼以关节为支点绕关节轴所产生的运动。运动形式包括屈与伸、外展与内收、旋内与旋外、水平屈与水平伸、环转5种,如图3-7所示。

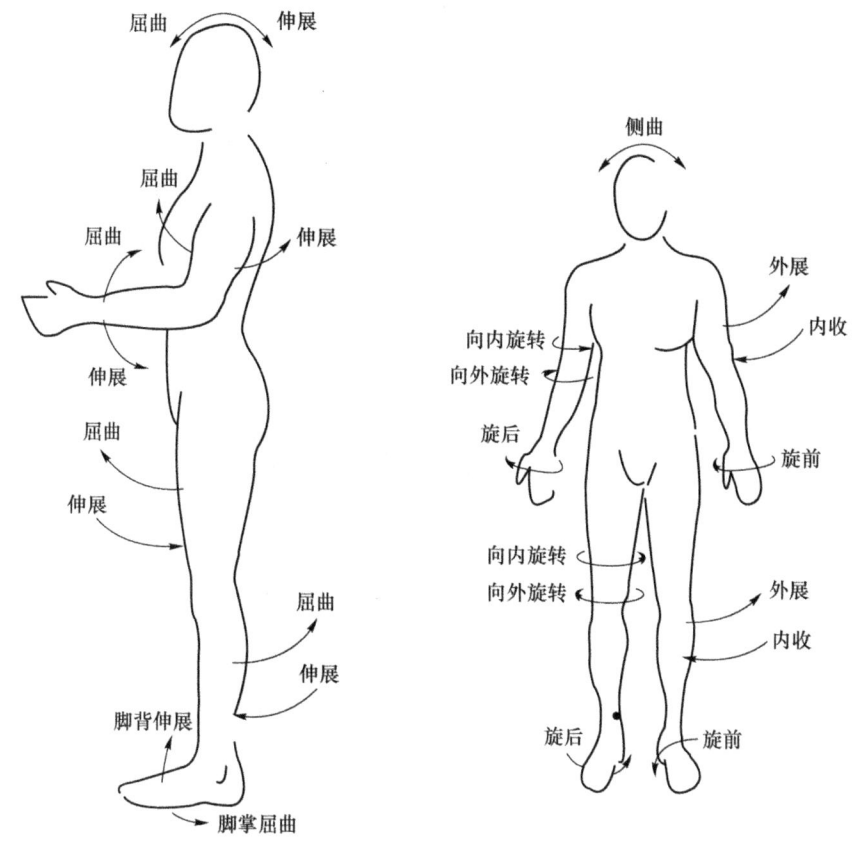

图 3-7 关节的运动形式

三、骨骼肌

人体的骨骼肌因绝大多数附着于骨骼上面而得名。人体全身共有 600 余块骨骼肌,它们呈对称分布。成年人的骨骼肌约占身体总重的 25%～50%,四肢骨骼肌又占全身骨骼肌的 80%,其中下肢骨骼肌占全身骨骼肌的 50%。

(一) 骨骼肌的结构和分类

骨骼肌的结构可以分为基本结构和辅助结构两类,基本结构主要包括肌腹、肌腱、血管和神经等,辅助结构包括筋膜、腱鞘、滑液囊和籽骨等(参考第二章)。成年男性骨骼肌如图 3-8 所示。

为了便于学习和记忆,按照骨骼肌的形状,其可分为长肌、短肌、扁肌和轮匝肌等类别;按肌头的数量,其可分为二头肌、三头肌、四头肌等类别;按照肌纤维的排列方向,其可分为单羽肌、双羽肌和多羽肌等类别。骨骼肌的各种形态如图 3-9 所示。

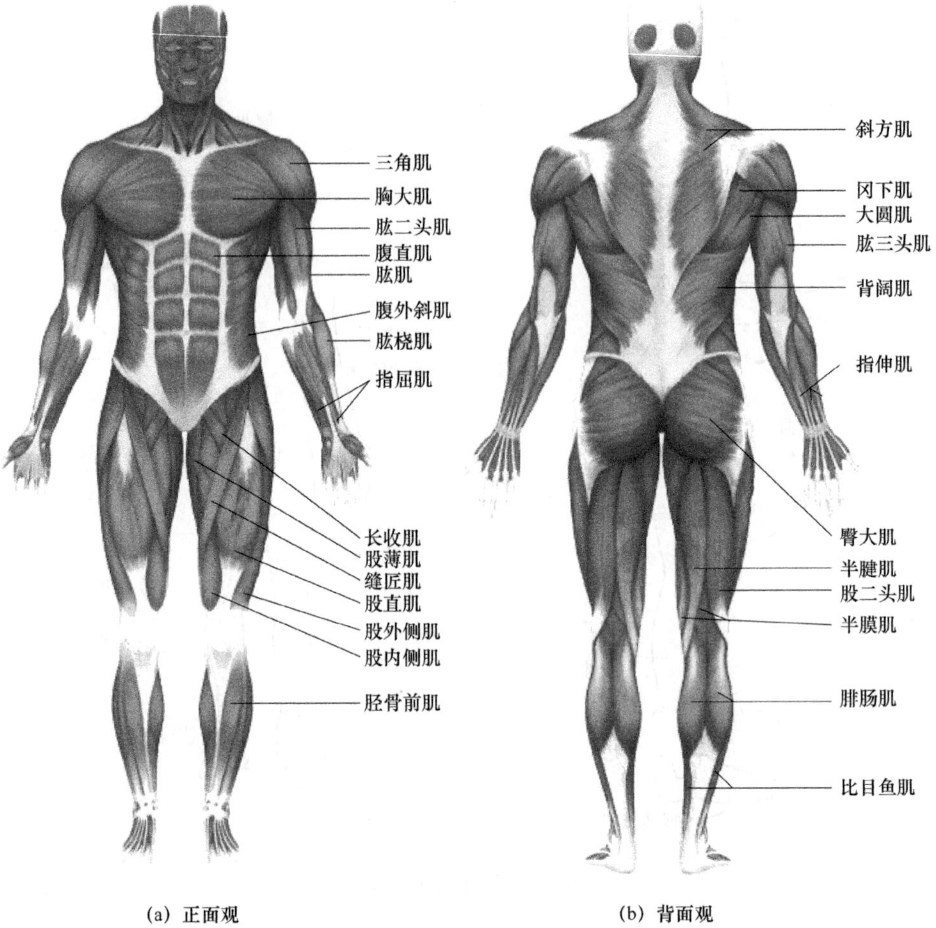

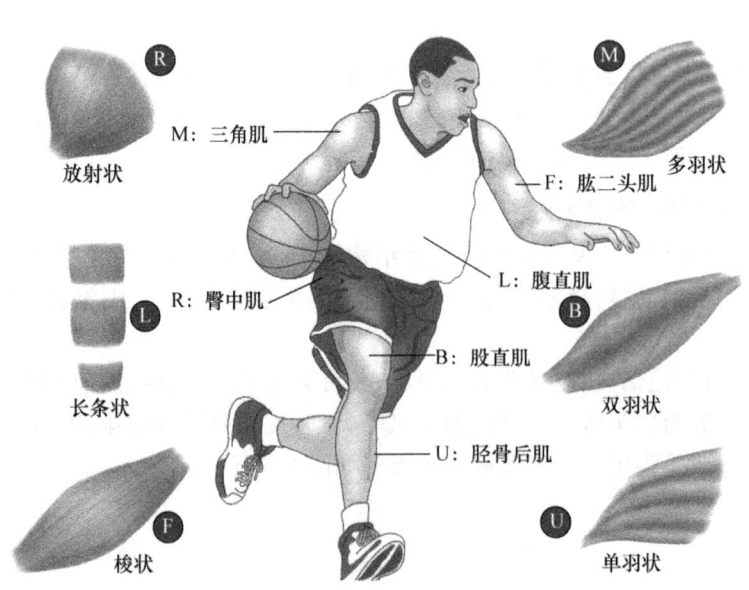

(a) 正面观　　　　　　　　(b) 背面观

图 3-8　成年男性骨骼肌示意图

图 3-9　骨骼肌的各种形态

（二）骨骼肌的物理特性

骨骼肌具有伸展性与弹性、粘滞性等物理特性。

1. 伸展性与弹性

骨骼肌在外力的作用下可以被拉长的特性称为伸展性；当去掉施加的外力后骨骼肌又恢复到原来长度的特性称为弹性。适当地增强肌肉的伸展性和弹性，可以增大运动幅度、增强关节柔韧性。

2. 粘滞性

骨骼肌的粘滞性是由骨骼肌内部胶状物（原生质）造成的，是骨骼肌收缩时产生的一种阻力。粘滞性与温度的变化关系密切，温度越低，粘滞性越大；温度越高，粘滞性越小。因此，准备活动也称为热身运动，其目的是提高机体的温度，减小肌肉粘滞性，从而预防损伤，提升运动表现。

（三）常用术语

1. 起点和止点

骨骼肌的附着点可以分为起点和止点两种。

起点通常是指靠近身体正中面或在四肢近侧端的附着点；止点是指远离身体正中面或在四肢远侧端的附着点。当肌肉收缩时，相对固定或运动幅度较小骨的附着点称为定点；相对运动或运动幅度较大骨的附着点称为动点。骨骼肌的起点和止点是固定不变的，动点和定点可因关节工作环境的变化产生转化。

斜方肌上部肌肉活动时，动点向定点移动，引起肩胛骨上提，如图3-10(a)所示。肌肉反向活动时，定点向动点移动，引起头和颈部侧弯，如图3-10(b)所示。

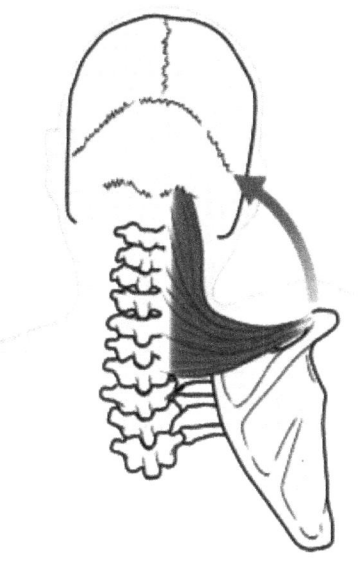
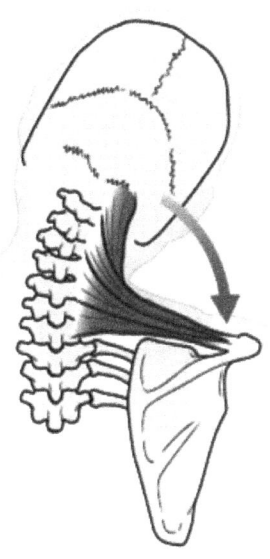

(a) 斜方肌上部肌肉活动　　　　　(b) 肌肉反向活动

图 3-10　斜方肌上部肌肉活动和肌肉反向活动

2. 近固定（近侧支撑）和远固定（远侧支撑）

当肌肉收缩时，起点相对固定，称为近固定。此时，起点为定点，止点则为动点。当骨骼肌收缩时，止点相对固定，称为远固定。此时，止点为定点，起点则为动点。例如，手拿水杯饮水时，肱二头肌以近固定完成弯举动作，肱二头肌的运动方向如图 3-11(a)所示；反手引体向上时，肘关节肌群以远固定完成上臂向大臂的靠近，肱二头肌的运动方向如图 3-11(b)所示。

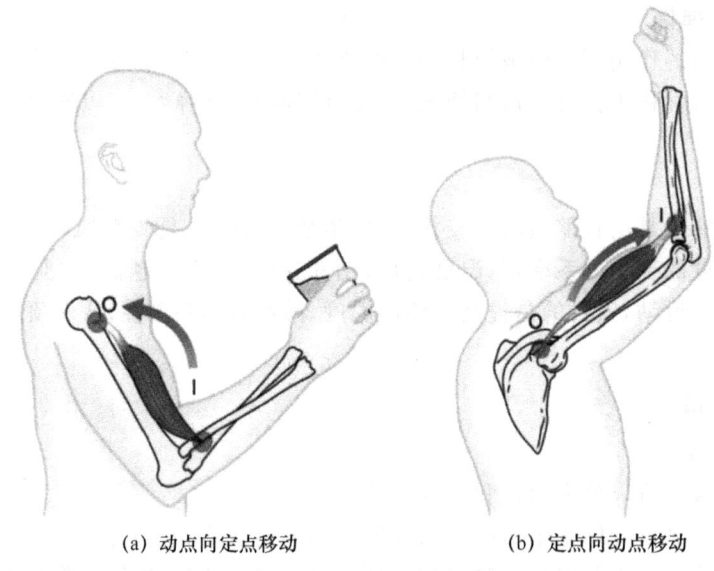

(a) 动点向定点移动　　　　　　(b) 定点向动点移动

图 3-11　动点向定点移动和定点向动点移动

（四）肌肉的收缩类型

肌肉收缩形式可以分为等长收缩、向心收缩、离心收缩 3 类，如图 3-12 所示。

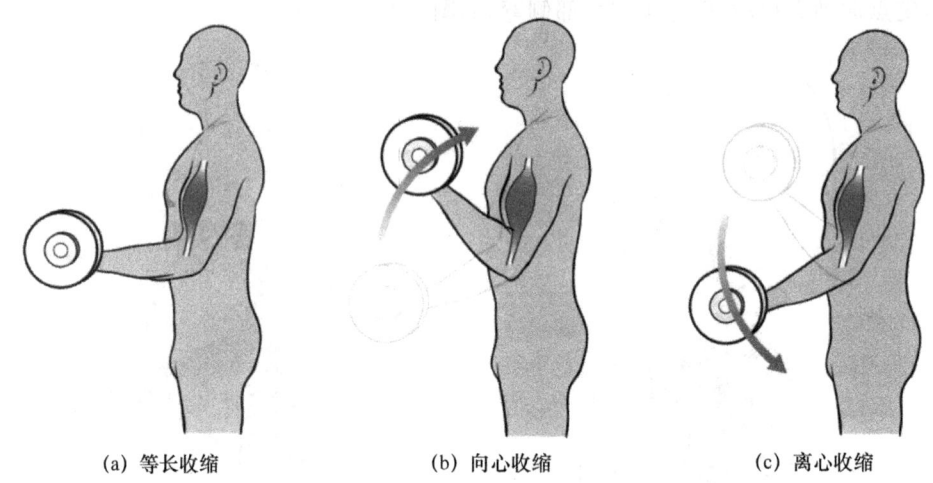

(a) 等长收缩　　　　　(b) 向心收缩　　　　　(c) 离心收缩

图 3-12　肌肉的收缩形式

等长收缩是肌肉在发力时长度不变的收缩形式。例如，在手持哑铃臂弯举动作过程中停顿，保持肱二头肌处于持续紧张收缩的状态。虽然此时肌肉的长度没有变化，但它仍然在积极发力，对抗外部负荷，保持动作的稳定。向心收缩则是肌肉在发力时长度变短的收缩方式。例如，在手持哑铃臂弯举动作过程中，肩和轴关节固定，利用肱二头肌持续收缩完成臂弯举。而离心收缩则是肌肉在发力时长度变长的收缩方式。例如，在手持哑铃臂弯举动作的肘伸展动作过程中，肱二头肌因哑铃重力被动拉长的过程就是离心收缩。3 种肌肉收缩形式的特点如表 3-2 所示。

表 3-2 3 种肌肉收缩形式的特点

等长收缩的特点	向心收缩的特点	离心收缩的特点
肌肉起止点没有动	肌肉起止点彼此靠近	肌肉起止点彼此远离
重力不是影响因素	运动通常发生于抵抗重力（"举起"运动）时	运动通常发生于顺应重力（"放下"运动）
既不是加速运动，也不是减速运动	是加速运动	通常用于减缓由重力引发的运动

三、运动对运动系统的影响

（一）运动对骨和关节的影响

1. 增加骨密度

适量的负重运动可以刺激骨细胞的生长和代谢，增加骨密度，降低骨质疏松的风险。

2. 增强关节的灵活性

运动可以扩大关节的活动范围，增强关节周围肌肉的力量、柔韧性以及关节的灵活性。

3. 增强关节的稳定性

运动会使关节面的骨密质增加、关节软骨增厚，从而使关节能承受更大的负荷；也会使关节周围的韧带、关节囊和肌腱增粗、增厚，从而使得关节的稳定性增强。

此外，长期的运动还可以促进关节液的渗透和扩散，消除关节周围组织的粘连，促进血液循环，加速软骨细胞的再生和自我修复。

（二）运动对肌肉的影响

1. 增强肌肉的强度

运动能够显著增强肌肉的强度。在运动的过程中，肌肉细胞会经历撕裂和再生的过程，经过长期锻炼，肌肉的整体强度会得到增强。此外，运动还能使肌肉体积增大（这是因为肌纤维增粗，线粒体增多、增大），使得肌肉能够更好地满足身体耗能的需求。

2. 增加肌肉的弹性

运动能够增加肌肉的弹性。在运动中，肌肉会逐渐变得更加柔软和有弹性，从而在一定程度上减少肌肉受伤的可能性。但是运动过度（超过了肌肉的承受能力）可能会导致肌肉拉伤或撕裂等损伤。

3. 加速血液循环

运动可以加速血液循环，有助于改善肌肉的营养状况，提高肌肉的工作效率。长期坚持体育锻炼及运动训练，可以使肌肉中的肌糖原、肌球蛋白、肌红蛋白和水分含量增加，肌肉中贮备的能量增加，肌肉的贮氧能力提高，从而进一步提高肌肉的工作效率。

第三节 神经系统

一、概述

神经系统可以分为中枢神经系统（包括脑和脊髓）、周围神经系统（包括脊髓以外的神经）

以及自主神经系统(主要支配内脏活动)3部分。自主神经系统分为交感神经和副交感神经系统两部分。交感神经系统处理压力和刺激,副交感神经系统与节约能量有关,两个神经系统相互制约和平衡。

神经系统的各器官主要由神经组织、血管和结缔组织被膜组成。神经组织由神经细胞和神经胶质细胞组成,遍布全身各器官,可调节机体各器官的活动,从而使机体适应内、外环境的变化。

(一) 神经系统的基本结构

神经细胞又称神经元,是神经组织的基本结构和功能单位。每个神经元都包括一个细胞体,由细胞体延伸出的单一突起称为轴突。由细胞体延伸出来的一至数个分支突起称为树突。树突接收来自神经系统其他部分的冲动并将这些冲动传递到细胞体的纤维分支。轴突传递细胞体的冲动。轴突被称为髓鞘的脂肪鞘包裹。髓鞘大约每 0.5 mm 为一间断,这种结构称为郎飞结。运动神经元和感觉神经元分别如图 3-13(a)和图 3-13(b)所示。

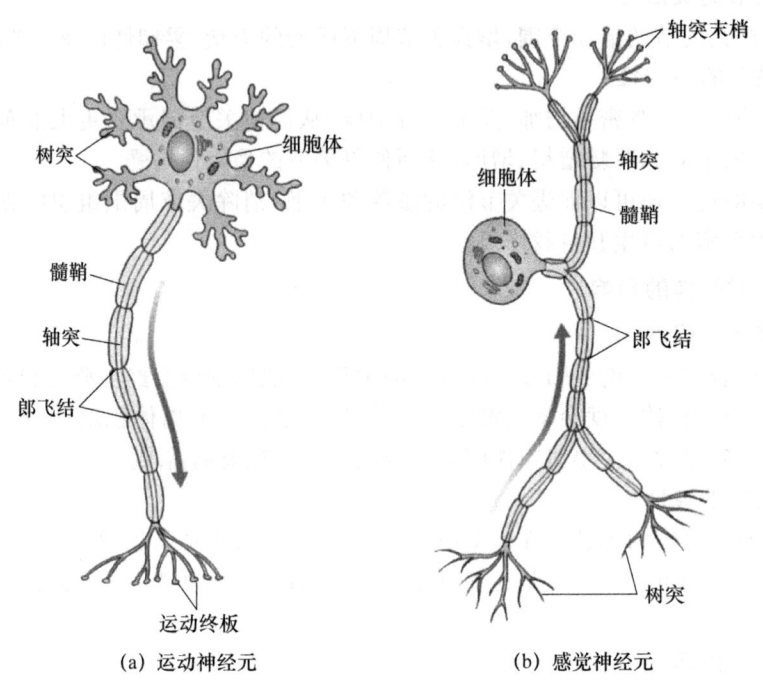

图 3-13　运动神经元和感觉神经元

神经纤维是由神经元的长突起(轴突和长树突)以及包裹在其外面的神经胶质细胞组成的,是传导神经冲动的主要结构。

(二) 常用术语

1. 灰质和白质

在中枢神经系统内,神经元的细胞体及其树突集中在一起,该部位色泽灰暗,称为灰质。分布在大脑、小脑半球表面的灰质又称为皮质或皮层。

在中枢神经系统内,神经元的轴突和长树突集中在一起,该部位色泽亮白,称为白质。分布在大脑、小脑半球表面的白质又称为髓质。

2．神经核和神经节

在中枢神经系统内，功能相同的神经元细胞体和树突聚集在一起而形成的灰质团块称为神经核。

在周围神经系统内，功能相同的神经元细胞体聚集在一起而形成的团块称为神经节。

3．纤维束和神经

在中枢神经系统内，起止和功能相同的神经纤维集中成束，称为纤维束或神经束。

在周围神经系统内，许多神经纤维集中成束并被结缔组织包裹，称为神经。

(三) 神经系统的活动方式

神经系统的基本活动方式是反射。反射是指神经系统在调节身体机能的活动中，对内、外环境所做的规律性反应。

反射弧是机体执行反射活动的结构基础，包括感受器、感觉神经元(传入神经)、中间神经元、运动神经元(传出神经)和效应器5个部分，如图3-14所示。

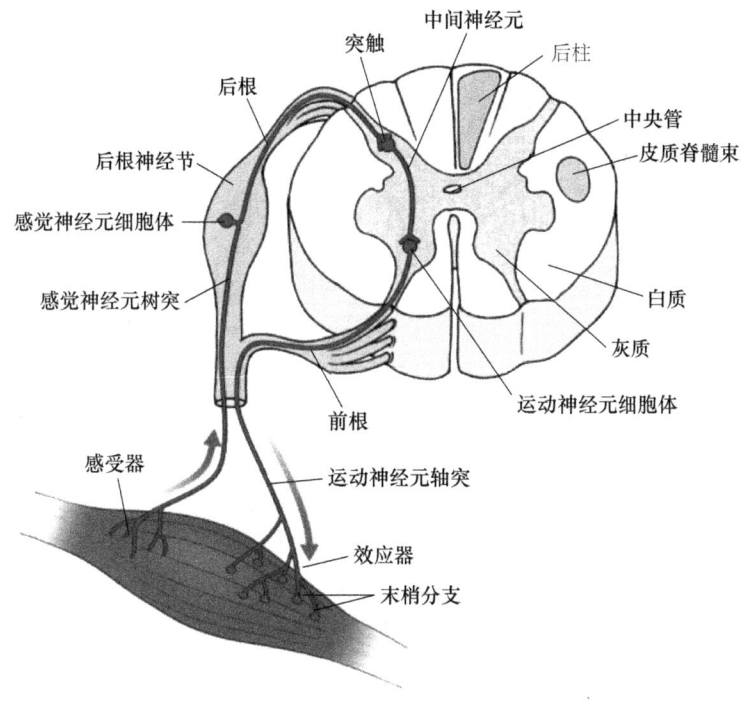

图 3-14 反射弧的构成示意图

二、中枢神经系统

中枢神经主要由脑和脊髓组成。脑由大脑、脑干和小脑组成。

(一) 脑

1．大脑

大脑是脑内最大、最主要的组成部分，主要负责最高级的神经功能，位于脑干和小脑上方的颅内前上方区域。大脑由左、右大脑半球组成，中间由胼胝体相连接，如图3-15所示。

每个半球又可进一步细分为不同的叶区,包括额叶、顶叶、颞叶、枕叶和岛叶。额叶位于大脑前部,与高级认知功能、决策、规划以及社会行为密切相关。它涉及人们的个性表达,并在语言功能中扮演重要角色。

顶叶则位于大脑的中上部,主要负责处理触觉、痛觉等感官信息,同时还参与空间导航和注意力机制。

颞叶位于大脑的两侧,是负责处理听觉信息的主要区域,同时也参与记忆、情感和语言理解。

枕叶位于大脑后部,是视觉处理中心,负责接收和解析来自眼睛的视觉信息。

岛叶位于大脑的深部,与多种感觉(包括味觉、内脏感觉等)和运动功能等相关。

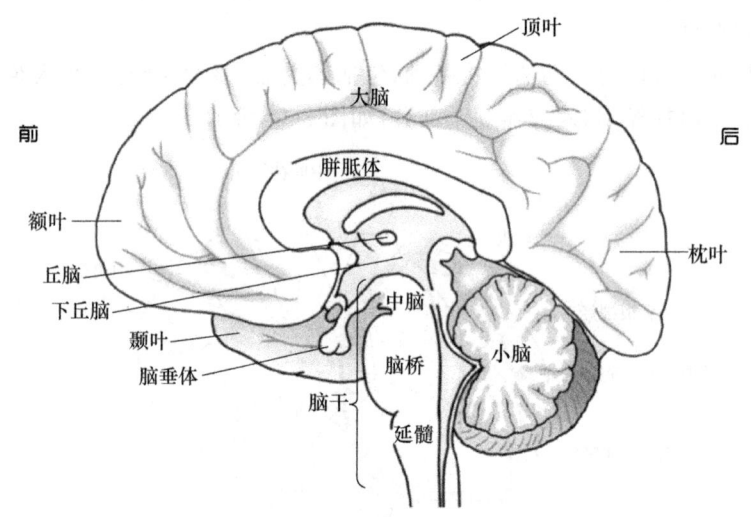

图 3-15　脑的结构示意图

2. 脑干

脑干位于大脑下方,可以分为延髓、脑桥和中脑 3 部分。

延髓位于脑干的最下端,连接着脊髓,是许多关键生命功能的调控中心,如心跳、呼吸等。

脑桥位于延髓之上,连接着中脑和延髓。它参与多种功能,包括平衡、睡眠等。脑桥内部含有许多重要的神经核团,它们与其他脑区以及小脑进行复杂的交互,共同维持着身体的平衡。

中脑位于脑干的上端,连接着脑桥和间脑。中脑内部包含许多与视觉和听觉相关的结构,如上丘和下丘,它们是视觉和听觉反射的中枢。此外,中脑还包含与动眼神经和滑车神经相关的核团,这些神经控制着眼球的运动。

3. 小脑

小脑位于大脑的后下方、颅后窝内、延髓和脑桥的背面。小脑在形态上大致可以分为中间的小脑蚓部和两侧的小脑半球两部分。

小脑的主要功能是协调躯体运动、调节骨骼肌张力和维持身体平衡。

(二) 脊髓

1. 脊髓的结构

脊髓位于椎管内,其上端与延髓相连,下端逐渐变细,呈圆锥状。脊髓是中枢神经系统的关键组成部分。脊髓的结构十分精细,其主要由灰质和白质组成,灰质呈"H"形,位于中央管周围,而白质则包裹在灰质的外围。此外,脊髓的表面还有6条纵沟,其中前正中裂和后正中沟将脊髓分为左、右对称的两部分。

2. 脊髓的功能

脊髓是连接大脑和周围神经的重要通道,能够将来自躯干和四肢的各种感觉信息通过传入神经传递到大脑,大脑再对这些信息进行高级的分析和综合。从大脑运动皮质至脊髓间的皮质脊髓束通路如图3-16所示。同时,大脑的活动也要通过传出神经传递至脊髓,再经由脊髓传递到效应器,从而实现对身体运动的控制。

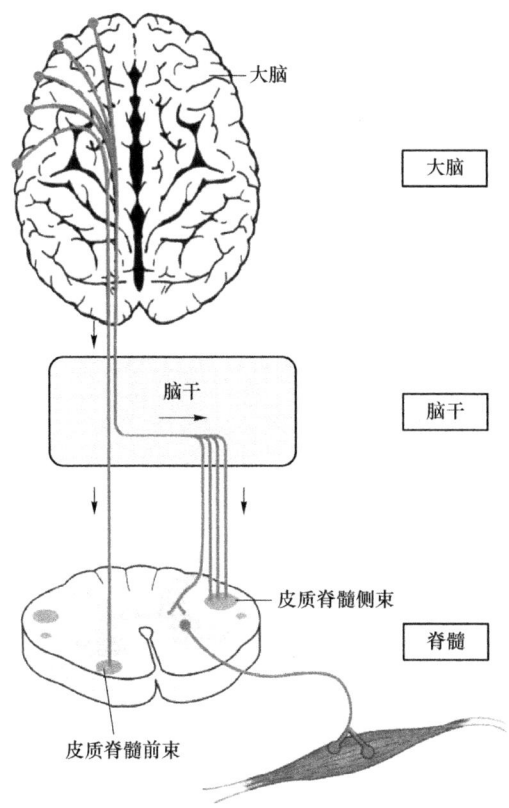

图3-16 从大脑运动皮质至脊髓间的皮质脊髓束通路

脊髓通过脊髓内部神经元的特定联系,完成一些反射活动,如排便反射和膝跳反射等活动,这些反射活动对于维持身体的正常功能至关重要。

脊髓对维持机体内环境的稳定具有重要作用。脊髓接收来自内脏器官的感觉信息,并对这些信息进行加工处理,然后发出相应的指令,调节内脏器官的活动和腺体的分泌功能,从而维持机体内环境的平衡。

三、周围神经系统

周围神经系统是指除中枢神经系统以外的神经部分。根据周围神经系统的联结情况,其可以分为脑神经和脊神经两部分;根据周围神经系统的分布情况,其可分为躯体神经和内脏神经两部分。

(一)脑神经

脑神经是指与脑相连的神经,共12对。脑神经包括嗅神经(Ⅰ)、视神经(Ⅱ)、动眼神经(Ⅲ)、滑车神经(Ⅳ)、三叉神经(Ⅴ)、外展神经(Ⅵ)、面神经(Ⅶ)、前庭蜗神经(Ⅷ)、舌咽神经(Ⅸ)、迷走神经(Ⅹ)、副神经(Ⅺ)、舌下神经(Ⅻ),如图3-17所示。它们主要分布于头面部,其中迷走神经还分布在胸、腹腔内脏器官中。

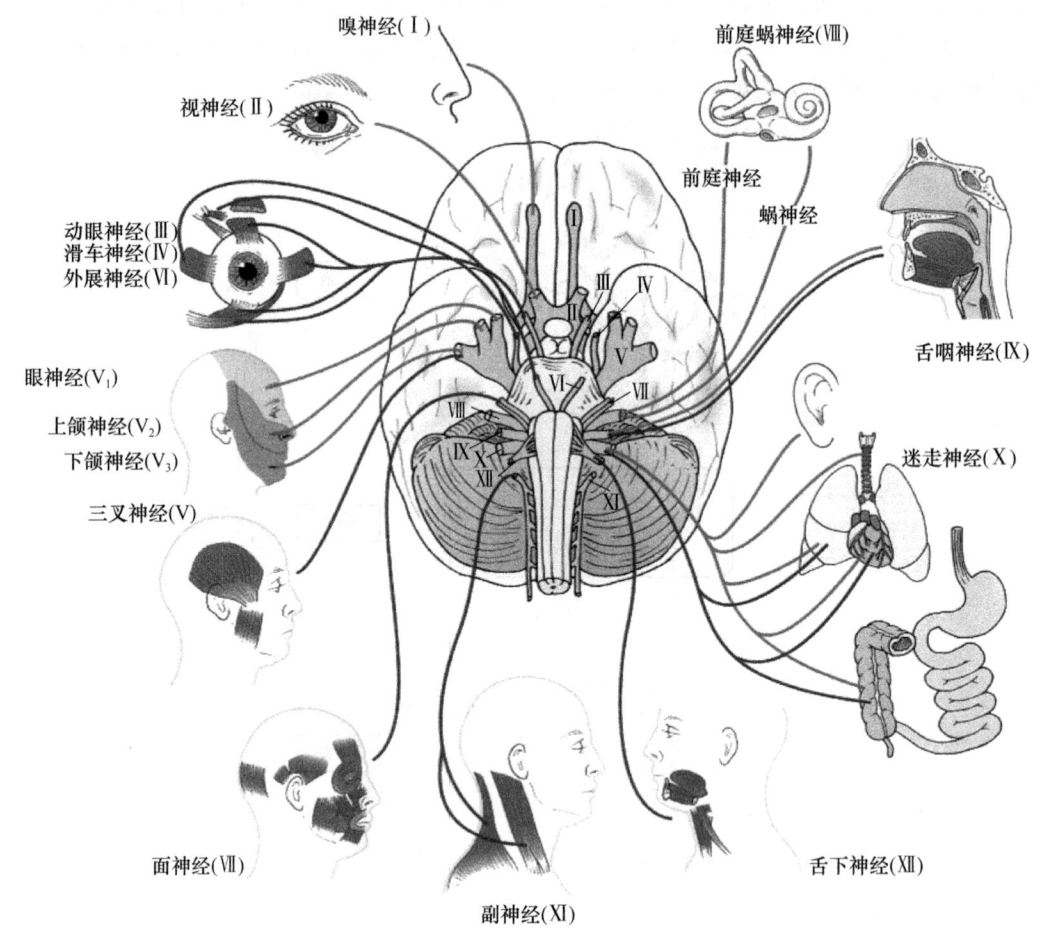

图3-17 脑神经分布图

第Ⅰ、Ⅱ对脑神经属于大脑和间脑的组成部分,主要负责嗅觉和视觉信息的传导。嗅神经为特殊内脏感觉纤维,传导嗅觉信息,而视神经则是传导视觉信息的特殊躯体感觉纤维。第Ⅲ对脑神经与脑干相连,含有运动性纤维和副交感纤维,控制眼球的运动。

第Ⅲ、Ⅳ对脑神经核位于中脑,第Ⅴ、Ⅵ、Ⅶ、Ⅷ对脑神经核位于脑桥,而第Ⅳ、Ⅹ、Ⅺ、Ⅻ对脑神经核则位于延髓。这些脑神经核在脑干内控制着各种功能,例如,三叉神经负责面部感觉,面神经涉及面部运动和面部感觉,迷走神经则是最长、分布范围最广的脑神经,负责调控多种内脏功能。

(二)脊神经

脊神经与脊髓相连,共31对,包括8对颈神经、12对胸神经、5对腰神经、5对骶神经和1对尾神经。

1. 脊神经的构成

每对脊神经都由前根和后根组成。前根主要含有运动神经纤维,后根主要含有感觉神经纤维。脊神经出椎管后,立即分成前支、后支、脊膜支和交通支4部分。前支较粗,分布于躯干前外侧和四肢的肌肉和皮肤;后支较细,分布于躯干背面的肌肉和皮肤;脊膜支分布于脊髓的被膜;交通支连接脊神经与交感干。

脊神经是人体神经系统的重要组成部分,它的主要功能是传递大脑和脊髓之间的信息,以及支配身体的运动和感觉。主要肌肉的神经支配节段如图3-18所示。脊神经受到损伤或压迫可能会导致疼痛、麻木、无力等症状。

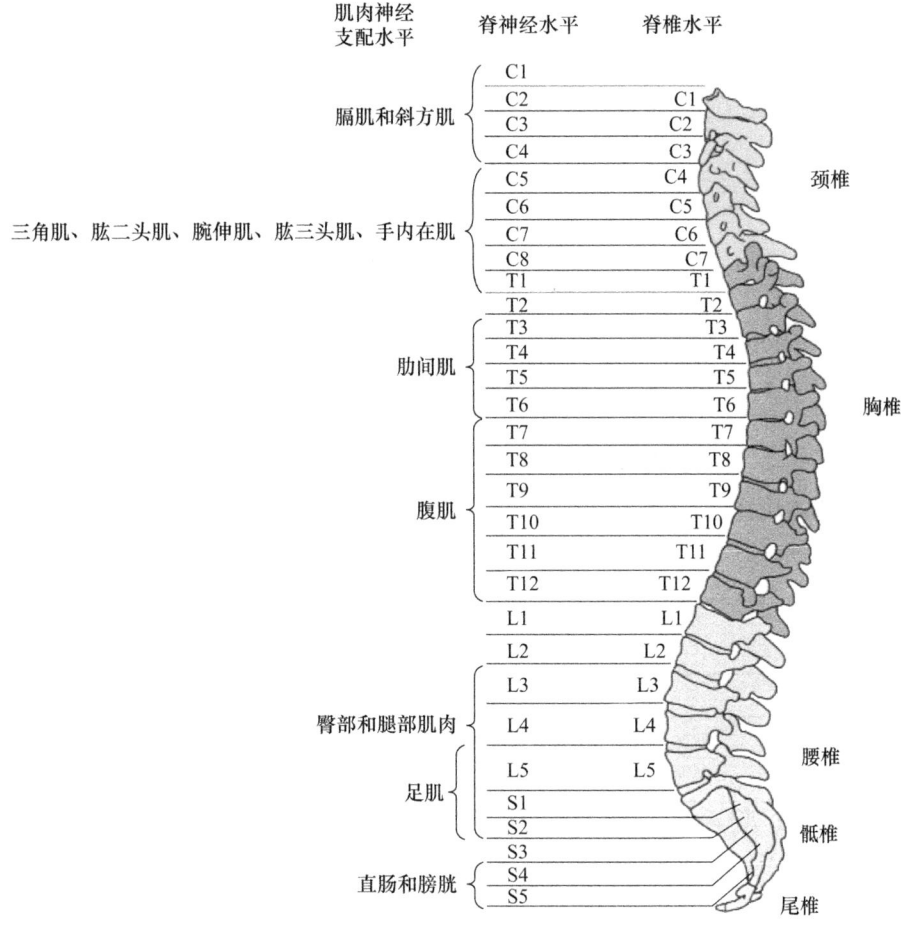

图 3-18 主要肌肉的神经支配节段

2. 神经丛的构成

脊神经前支粗大,各脊神经前支除胸神经前支外,均与相邻的前支吻合、交织成神经丛,神经丛包括颈丛、臂丛、腰丛和骶丛等。

(1) 颈丛

颈丛位于颈椎两侧、胸锁乳突肌上部深面,它是由第1~4颈神经前支吻合而成的较小神经丛。颈丛发出肌支和皮支,其中肌支支配肌肉,控制肌肉的收缩,皮支传导皮肤感觉。由颈丛发出的肌支主要支配颈部深层肌肉、舌骨下肌群和肩胛提肌等;由颈丛发出的皮支分布于枕部、耳后、颈前部和肩部皮肤。

(2) 臂丛

臂丛位于锁骨上窝,由第5~8对颈神经和第1对胸神经前支的大部分纤维组成。由臂丛发出的神经分布于上肢肌肉和皮肤,其主要分支包括肌皮神经、正中神经、尺神经、桡神经和腋神经,如表3-3所示。胸神经前支共12对,第1~11对胸神经前支位于相应的肋间隙,称肋间神经;第12对胸神经前支位于第12肋下方,称为肋下神经。肋间神经和肋下神经的肌支支配肋间肌和腹肌,皮支分布于胸壁、腹壁等处的皮肤。当进行屈腿仰卧起坐时,腹肌的工作形式、运动强度等均受胸神经的肌支控制和调节。

表3-3 臂丛的主要分支

名称	分布
肌皮神经	肌支:喙肱肌、肱二头肌和肱肌 皮支:前臂桡侧皮肤
正中神经	肌支:前臂大部分屈肌、旋前肌 皮支:手掌和手指的掌面桡侧半皮肤
尺神经	肌支:前臂部分屈肌 皮支:手掌和手指的尺侧半皮肤
桡神经	肌支:肱三头肌、肘肌、肱桡肌和前臂伸肌 皮支:上臂、前臂背面皮肤;手掌和手指的背面桡侧半皮肤
腋神经	肌支:三角肌和小圆肌 皮支:肩部和上臂外上部的皮肤

(3) 腰丛

腰丛位于腰大肌深面、腰椎横突的前方,由第12对胸神经前支的一部分、第1~3腰神经前支及第4对腰神经前支的一部分组成。腰丛的主要分支包括股神经和闭孔神经等,如表3-4所示。

表3-4 腰丛的主要分支

名称	分布
股神经	肌支:股四头肌、耻骨肌和缝匠肌 皮支:大腿和膝关节前面以及小腿内侧面和足内侧缘的皮肤
闭孔神经	肌支:大腿内收肌群 皮支:大腿内侧面的皮肤

(4) 骶丛

骶丛位于盆腔内,由腰骶干以及全部的骶神经和尾神经前支组成,是全身最大的神经丛。骶丛的主要分支包括臀上神经、臀下神经、坐骨神经等,如表3-5所示。

表3-5 骶丛的主要分支

名称	分布
臀上神经	臀中肌、臀小肌和阔筋膜张肌
臀下神经	臀大肌
坐骨神经	肌支:大腿后部肌群、小腿和足部肌肉 皮支:大腿后面、小腿和足部的大部分皮肤

四、运动对神经系统的影响

(一) 可提升神经系统的活跃度和灵敏度

运动是发展和保持神经系统功能的有效手段。首先,运动能提升神经系统的活跃度。当运动时,大脑会接收来自身体各个部位的信号,进而协调各部位的活动。这一过程使得神经系统的传导速度加快,反应时间缩短,从而提高人们的反应能力和敏捷性。

(二) 对神经系统的调节功能有积极的影响

长期的运动能够使大脑皮层的兴奋和抑制过程更加平衡,有助于改善睡眠质量,缓解焦虑和抑郁等情绪问题。运动还能促进神经递质(如多巴胺、内啡肽等)的释放,这些神经递质有助于提升人们的情绪状态和幸福感。

(三) 可促进神经系统的发育和修复

运动对神经系统的发育和修复具有促进作用。适度的运动可以刺激神经细胞的生长和连接,促进神经网络的构建和完善。同时,运动还能加速神经系统的损伤修复过程,有助于恢复受损的神经功能。

需要注意的是,过度的运动可能会对神经系统产生负面影响。长时间、高强度的运动可能导致神经系统的疲劳和损伤,甚至引发一些神经系统疾病。因此,在运动时,人们需要根据自己的身体状况和运动能力来合理安排运动强度和时间,避免劳损。

第四节　循环系统

循环系统是人体内执行运输任务的封闭管道系统,由心血管系统和淋巴系统两部分组成。心血管系统包括心脏和血管(动脉、静脉、毛细血管),负责全身的血液运输。心脏是连接动脉和静脉的枢纽,是心血管系统的"动力泵"。淋巴系统直接与心血管系统和免疫系统相连。

一、心血管系统

(一) 心脏

心脏位于胸腔内、两肺之间,约 2/3 的心脏位于人体正中线左侧,约 1/3 的心脏位于人体正中线右侧。心脏由两个相互连接但各自独立的腔室泵组成,心脏通过右心室将血液泵向肺部(肺循环),通过左心室将血液泵向主动脉,血液进而流向全身各处的组织和器官(体循环)。每个腔室泵各有两个腔室,即心房和心室。左心房和右心房分别将血液输送到左心室和右心室。左心室和右心室分别为血液的肺循环和体循环提供动力。

心脏主要连有上、下腔静脉,左、右肺静脉,主动脉和肺动脉等大血管,如图 3-19 所示。

1. 瓣膜

心脏瓣膜是心脏内的一种膜状结构,它的作用是防止血液倒流。心脏有 4 个瓣膜,它们分别是二尖瓣、三尖瓣、主动脉瓣和肺动脉瓣。

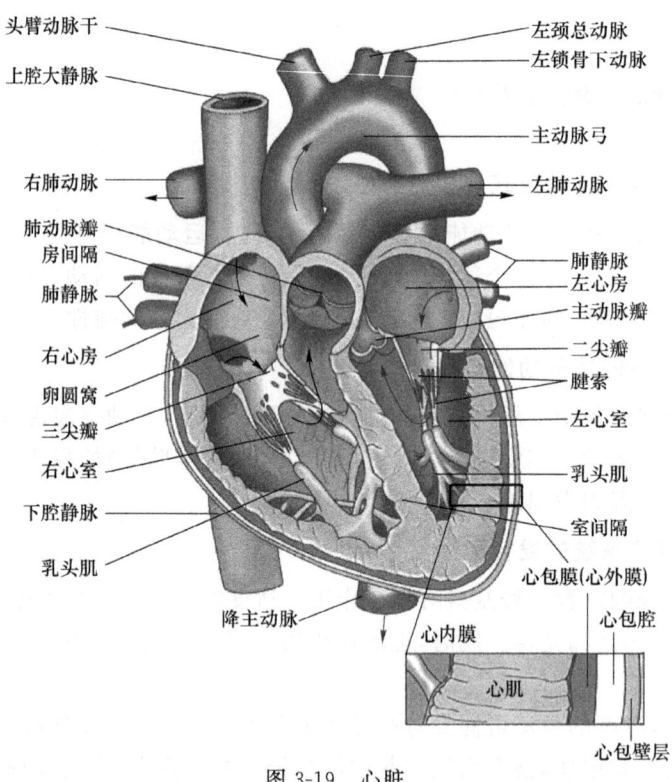

图 3-19 心脏

在心脏收缩时,瓣膜会关闭,防止血液从心室反向流回心房或主动脉,从而保证血液能够正常流向身体各个部位。在心脏舒张时,瓣膜会打开,让血液从心房或主动脉流回心室,为下一次收缩做好准备。

不同的心脏瓣膜在心脏循环中起着不同的作用。例如,主动脉瓣能够有效地控制血流从左心室流向主动脉,而二尖瓣则能够有效地控制血液从左心房流向左心室。心脏瓣膜出现问题,如瓣膜狭窄或关闭不全,会影响血液的正常流动,导致心脏功能异常。这可能会引起一系列症状,如呼吸困难、疲劳、心悸等。

2. 心传导系统

心传导系统是指由心脏内特殊心肌细胞组成的传导通路,其主要功能是产生和传导心电冲动,维持心脏正常的节律性搏动。心传导系统由窦房结、结间束、房室结、房室束、左束支、右束支和浦肯野纤维等部分组成,如图 3-20 所示。

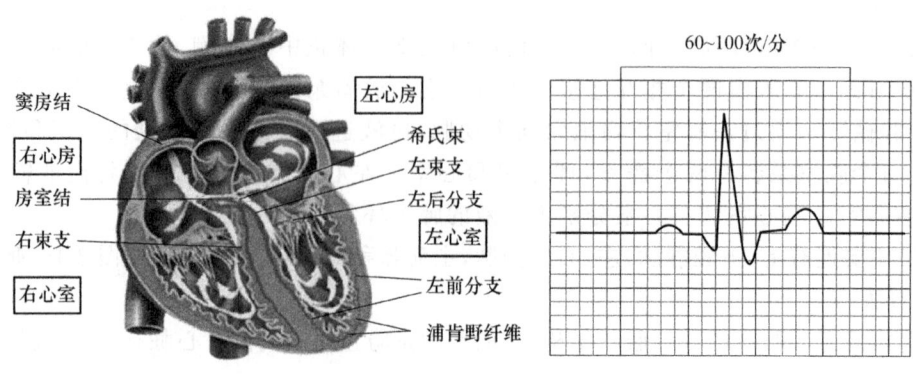

图 3-20 心传导示意图

窦房结——位于上腔静脉和右心房之间,是心脏正常搏动起源的部位,称为起搏点。

结间束——将电脉冲从窦房结传导至房室结。

房室结——使电脉冲在进入心室前稍微延迟。

房室束——将电脉冲传导至心室。

左束支和右束支——进一步分成浦肯野纤维并将电脉冲传导至心室的所有部分。

(二) 血管

1. 血管的形态和特征

人体中的血管主要分为3种类型:动脉、静脉和毛细血管,它们各自扮演着重要的角色,共同维持着身体的血液循环。

(1) 动脉

动脉的特点是管壁较厚,管腔较细,具有一定的弹性。它们的主要功能是将心脏泵出的富含氧气和营养物质的血液输送到全身各个组织和器官。动脉的弹性和收缩能力有助于维持正常的血流量和血压,确保血液能够顺畅地流动到全身各个部位。

(2) 静脉

静脉的管壁相对较薄,管腔较粗,且缺乏弹性。它们的主要作用是收集经过组织和器官交换后的血液(含有二氧化碳和其他代谢产物的血液),并使其回流到心脏。静脉通过各级汇合,逐渐变成粗大的血管,确保血液能够顺利返回心脏,再次进行氧合和营养补给。

(3) 毛细血管

毛细血管是连接动脉和静脉的微小血管,呈网状分布,是血液中气体和物质进行交换的主要场所。在毛细血管中,血液中的氧气和营养物质被输送到组织细胞,而二氧化碳和代谢废物则从组织细胞进入血液,完成物质交换。

2. 血液循环路径

血液由心室射出,经动脉、毛细血管、静脉,再回到心脏。血液循环分为肺循环和体循环两种,两种循环同步进行。

(1) 肺循环

血液由右心室射入肺动脉,再经各级分支进入肺泡周围的毛细血管网,通过毛细血管壁和肺泡壁与肺泡内的气体进行物质交换(排出二氧化碳、吸入氧气),最后经肺静脉出肺,进入左心房。

肺循环的特点是路径短,其只通过肺部,可使静脉血变成含氧丰富的动脉血。肺动脉中流动的血是静脉血,而肺静脉中流动的血是动脉血。

(2) 体循环

血液由左心室射入主动脉,经各级动脉分支送到身体各个部位的毛细血管。血液通过毛细血管壁与其周围的细胞组织进行物质交换和气体交换,然后经各级分支静脉,最后汇入上、下腔静脉,流回右心房。

体循环的特点是路径长,流经范围广,它以动脉血滋养全身各个器官,又将其代谢产物经静脉运回心脏。

二、淋巴系统

(一) 淋巴系统的构成

淋巴系统是一个复杂而精密的网络,它主要由淋巴管道、淋巴组织和淋巴器官构成,如图 3-21 所示。淋巴系统与心血管系统相连。淋巴管收集从毛细血管中渗出的液体和蛋白质,这些液体和蛋白质以淋巴液的形式回流至静脉系统。

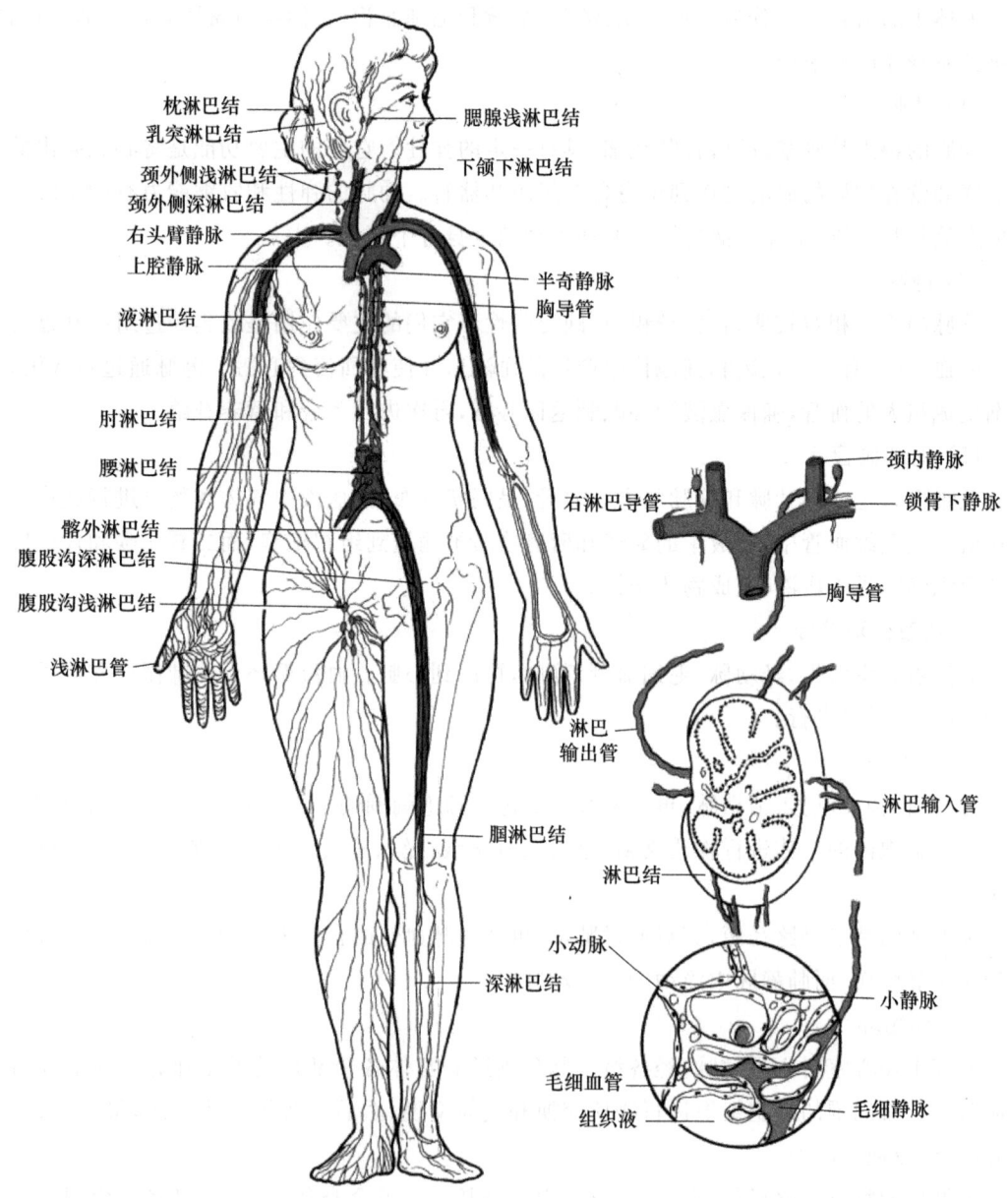

图 3-21 淋巴系统

1. 淋巴管道

淋巴管道是淋巴系统的运输通道，它们将淋巴液从身体的不同部位输送到淋巴结和其他淋巴器官。淋巴管道包括毛细淋巴管、淋巴管、淋巴干和淋巴导管等部分，它们互相连接，形成一个完整的淋巴循环网络。

2. 淋巴组织

淋巴组织以网状组织为基础，网孔中有大量的淋巴细胞、巨噬细胞、浆细胞等免疫组织。淋巴细胞作为淋巴组织的重要组成部分，是人体免疫系统中的关键免疫细胞，包括 T 淋巴细胞、B 淋巴细胞等多种类型。它们在免疫应答中发挥着重要作用，如识别抗原、产生抗体等。网状组织由网状细胞和网状纤维构成，为淋巴细胞等免疫细胞提供了附着的支架和生存的微环境，有利于免疫细胞之间的相互作用以及与抗原的接触。

3. 淋巴器官

淋巴器官是机体免疫系统的重要组成部分，主要包括淋巴结、胸腺、脾和扁桃体等。

(二) 淋巴系统的功能

淋巴系统对于维持人体的健康和正常生理功能起着至关重要的作用。淋巴系统出现问题，可能会导致免疫系统功能异常、水肿、感染等健康问题。

1. 体液平衡

淋巴系统起于组织的毛细血管，以主导管的形式止于锁骨下静脉。淋巴系统参与维持体内的体液平衡，通过淋巴管的运输功能和淋巴结的过滤作用，使多余的体液和蛋白质回流到血液循环中。

2. 免疫防御

淋巴细胞和其他免疫细胞通过淋巴管和淋巴结网络分布于全身，能够识别和清除病原体、异物和癌细胞，保护身体免受感染和疾病的侵害。

3. 营养吸收

肠道的淋巴管可以吸收脂肪和其他营养物质，并将其运输到身体其他部位，以供细胞利用。

4. 废物排泄

淋巴系统能够帮助清除细胞代谢产生的废物和毒素，并通过淋巴管将其运送到肝脏和肾脏，肝脏和肾脏将处理和排泄这些废物和毒素。

5. 免疫监测

淋巴结是淋巴系统中的重要器官，能够监测和识别体内异常的细胞和病原体，并启动免疫反应。

6. 组织修复

淋巴液中的细胞和因子参与伤口愈合和组织修复过程，可促进受损组织的再生和修复。

三、运动对循环系统的影响

(一) 运动对心血管系统的影响

1. 对心脏的影响

长期坚持适宜的运动对心脏有诸多益处。通过运动，心脏和全身的供血状况得到改善，心肌细胞内的蛋白质和肌糖原增多,心肌纤维增粗,心壁增厚,心脏血容量增大,心脏每搏输出量增加。

2. 预防疾病

运动能降低血压、降低胆固醇、控制体重,从而进一步降低患心脏病的风险。同时,运动可以促进血液循环,增强心血管系统的功能,对预防冠心病起到积极作用。

在进行剧烈运动时,全身肌肉的分解代谢增加,可能导致血液循环中各项代谢产物增多,造成循环中的热量增加以及循环加速,使人们的心率加快。在心动过速时,氧气可能不能及时进入人体内,进而导致人们出现心脏缺氧的症状。

3. 对血管的影响

体育锻炼能改善心血管系统的功能,增加心脏每搏输出量,进一步促进心脏的微循环。有氧运动还能使交感神经的兴奋性下降、心跳变慢,并增强心脏收缩能力。此外,适当的体育活动还能够使冠状动脉血管扩张,增加心肌血管的数量,有效改善心肌缺血的症状。

(二)运动对淋巴系统的影响

1. 促进淋巴液的流动

淋巴管的主要功能是将组织液中的水、电解质和大分子物质等输送入血,它也是组织间液回流的通道。在体育运动中,由于肌肉的活动和关节的运动,淋巴管受到挤压和推动,这有助于淋巴液的流动。通过平滑肌的收缩和瓣膜的开闭,淋巴液在淋巴管内被有效地推动,这加速了淋巴液的回流,有助于维持组织间液的平衡。

2. 增强淋巴细胞的活性

长期进行有氧运动或较长时间的运动可以增强淋巴细胞的活性。淋巴细胞在免疫系统中扮演着重要的角色,它们能够识别和攻击病原体,从而保护身体免受疾病的侵害。运动通过增强淋巴细胞的活性,可以提高身体的免疫力。

第五节 呼吸系统

机体在进行新陈代谢的过程中,必须不断地从外界吸入氧气并排出二氧化碳,这一过程称为呼吸。呼吸功能发生障碍将引起组织缺氧和二氧化碳积聚,导致新陈代谢不能正常进行,甚至危及生命。呼吸系统主要由呼吸道和肺两部分组成。

一、呼吸道

呼吸道为中空性器官,是传送气体的通道,包括鼻、咽、喉、气管和支气管及其分支,如图3-22所示。通常,把鼻、咽、喉称为上呼吸道,气管和主支气管及其分支称为下呼吸道。

(一)鼻

鼻既是呼吸道的起始部,又是嗅觉器官,并可辅助发音。鼻可分为外鼻、鼻腔和鼻旁窦3部分。

(二)咽

咽可以分为鼻咽、口咽和喉咽3部分,是呼吸和消化道的共同通路。

(三) 喉

喉既是呼吸的管道,又是发音的器官。喉位于颈前部,上借甲状舌骨膜与舌骨相连,下接气管。喉以喉软骨为支架,各软骨之间通过关节、韧带相连,周围附着喉肌,其内表面覆盖黏膜。

(四) 气管与主支气管

气管与主支气管是连接喉与两肺的通气管道,均由"C"形的气管软骨借韧带连接而成。气管软骨后面的缺口由平滑肌和结缔组织构成的膜壁封闭。

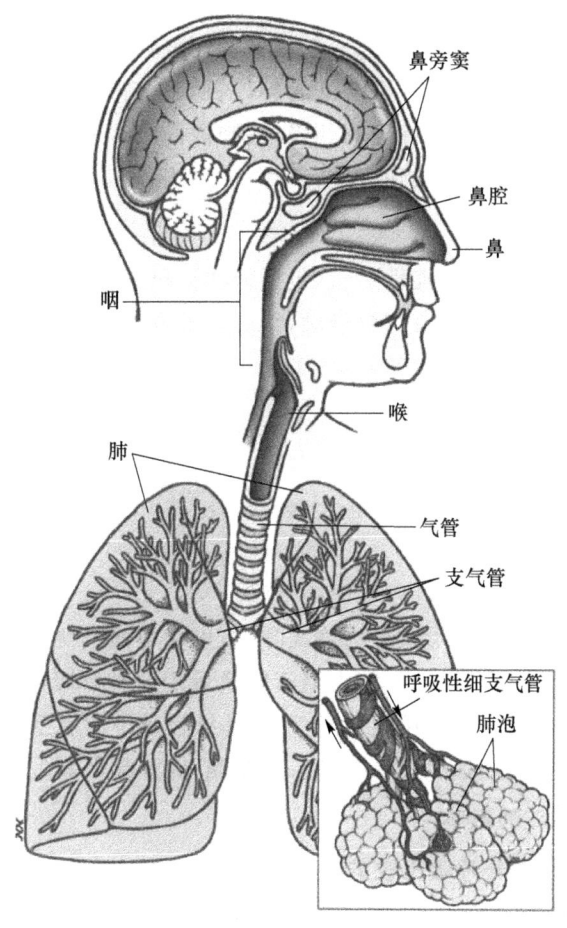

图 3-22　呼吸系统模式图

二、肺

(一) 肺的位置和形态

肺位于胸腔内,在膈的上方,左、右各一。肺由肺内各级支气管及肺泡组成,其中呼吸性细支气管及与其相连接的肺泡是容纳气体和进行气体交换的场所。由于受肝脏的位置影响,右肺比左肺更短、更宽。由于受心脏偏左的位置影响,左肺扁窄而略长。

(二) 肺的组织结构

肺组织分为肺实质和肺间质两部分。肺实质是指肺内支气管的各级分支和其末端膨大的肺泡,肺间质是指肺内的结缔组织、血管、淋巴管和神经等。

肺段支气管以下的多级分支统称为小支气管,管径小于 1 mm 的小支气管称为细支气管。细支气管继续分支,管径小于 0.5 mm 的细支气管称为终末细支气管,终末细支气管再分支,直至连于肺泡。每条细支气管连同它的各级分支和所属的肺泡构成一个肺小叶。

(三) 肺段支气管和支气管肺段

左、右主支气管在肺门处分为肺叶支气管并进入相应肺叶。各肺叶支气管再分出数支肺段支气管。肺段支气管在肺内反复分支,成树枝状,越分越细,直至连于肺泡。每一个肺段支气管及其分支和所属的肺组织构成一个支气管肺段,简称肺段。肺段呈锥体形,尖向肺门,底向肺表面。相邻肺段之间有薄层结缔组织相隔,故肺段的结构和功能有相对独立性。根据这些特点,临床上可做定位诊断和肺段切除。

(四) 肺的血管

肺有两套血管:一套是肺的功能性血管,包括肺动脉和肺静脉,完成气体交换;另一套是肺的营养性血管,包括支气管动脉和支气管静脉,给肺供氧和营养物质,实现物质交换。两套血管在毛细血管水平上有吻合。

三、运动和呼吸系统

(一) 运动过程中的呼吸技巧

呼吸的形式分为两类,即胸式呼吸和腹式呼吸。

以胸廓运动为主完成的呼吸形式称为胸式呼吸;以横膈运动为主完成的呼吸形式称为腹式呼吸。在实际运用中,应根据运动的特点灵活转换运用两种呼吸形式。在完成一些需要胸部和肩部固定参与的技术动作时采用腹式呼吸,如体操运动中的肩手倒立等;完成一些需要腹部固定、核心收紧的技术动作时采用胸式呼吸,如短跑、仰卧起坐等。

(二) 运动对呼吸系统的影响

1. 增强呼吸肌力量,提升呼吸系统的功能

通过运动,呼吸肌特别是膈肌的收缩力会得到增强,胸腔容量增大,肺活量也会有明显的提升。同时,运动还能促进肺组织的良好发育,增加肺泡的弹性和通透性,有利于肺部进行气体交换。

2. 提升肺功能

适当的运动能够加快肺部的血液循环,促进体内的新陈代谢,提升肺功能,增强肺组织的免疫力,减少患各种肺病的概率。

运动对呼吸系统的影响是多方面的,科学适宜的运动对呼吸系统有益。但需要注意的是,对于有呼吸系统或肺部疾病的人群,过度的运动可能会带来负面影响,如可能导致呼吸困难、肺部炎症、肺部损伤或免疫系统受损等问题。因此,这类人群在选择运动方式时,应根据自身的身体条件选择适合的运动项目和运动强度。

思 考 题

1. 简述肌肉的结构与功能。
2. 简述人体主要营养物质的代谢。
3. 人体的八大系统分别是什么?
4. 举例说明人体运动系统是如何工作的。

第四章　体能训练的生物力学基础

第一节　生物力学的基础知识

生物力学(biomechanics)是利用力学的原理与方法研究生物系统结构与功能的一门科学。运动生物力学(sport biomechanics)是生物力学的一个重要分支,主要是研究体育运动中人体的机械运动规律,其本质是应用力学的原理和方法研究人体运动的形式、规律及原理,其研究任务主要集中于运动训练、运动损伤、体能训练和运动器材装备等方面。

一、力的效应与要素

人体运动中的力主要来源于人体肢体与外界物体的相互作用或器械与人体的相互作用。这种相互作用使人体整体或局部肢体和器械的运动状态或者形态发生改变。前者是力的外在效应(或运动效应),后者是力的内在效应(或变形效应)。例如,跑步时蹬地所产生的地面反作用力增大了人体的移动速度。

影响力的作用效果的因素有力的大小、方向和作用点,这三者被称为力的三要素,只要改变其中任一要素,力的作用效果就会发生改变。

二、人体力学系统中的外力和内力

(一) 体育运动中人体所受的主要外力

在体育运动中,人体受到的外力主要包括重力、弹力、摩擦力和流体作用力等。

1. 重力

重力是地球对所有物体的吸引力,使物体有向地心方向运动的趋势。在体育运动中,重力对人体的影响无处不在。例如,跑步时人体需要克服重力做功,跳跃时人体需要克服重力以达到一定高度。

2. 弹力

物体受到外力作用发生形变,会产生一种试图恢复其原来形状的力,这种力称为弹力。在体育运动中,弹力主要来自身体的肌肉、韧带和关节,它们在受到外力时会产生形变并会试图恢复原状,从而产生弹力。

3. 摩擦力

两个物体接触并试图相对运动,会产生一种阻碍它们相对运动的力,这种力称为摩擦力。在体育运动中,摩擦力对于保持身体稳定、控制动作方向等起到重要作用。例如,在跑步时,脚与地面的摩擦力使我们能保持向前的运动方向。

4. 流体作用力

当人体在流体(如空气或水)中运动时,流体会对人体产生一种力,这种力称为流体作用力。在游泳、跑步、骑自行车等运动中,人体都会受到流体作用力的影响。例如,在游泳时,人体需要克服水的阻力,而在骑自行车时,空气阻力会影响骑行速度。

(二) 体育运动中人体所受的主要内力

在体育运动中,人体受到的内力主要包括肌肉张力、韧带张力和关节约束力等。

1. 肌肉张力

肌肉张力是指肌肉在收缩或拉长时所产生的力。在体育运动中,肌肉张力是实现各种动作的基础。无论是在跑步、跳跃时还是在举重时,肌肉都需要产生足够的张力来克服外部阻力,从而完成动作。

2. 韧带张力

韧带是连接骨骼的强韧纤维组织,它们为关节、骨骼和内脏器官等提供稳定性和支持作用。在运动中,韧带张力有助于保持关节的稳定,防止关节过度伸展或扭伤。当进行高冲击力运动(如跑步或跳跃)时,韧带张力尤为重要。

3. 关节约束力

关节约束力是指关节结构本身对运动的限制和稳定作用。关节内的骨骼、软骨、关节囊等结构协同运作,保障关节在运动过程中的稳定性和安全性。关节约束力有助于防止关节脱位或过度损伤。

三、力矩

在物理学中,力矩是指作用力使物体绕着转动轴或支点转动的趋势。力矩是矢量,力矩的大小为 $M = F \cdot d$。

力矩的单位由力的单位与长度的单位决定,其常用单位为是 $N \cdot m$。

由内力(如肌肉)产生的力矩称为内部力矩,而由外力(如重力)产生的力矩称为外部力矩。身体整体和某一部分的运动是作用于关节的内部力矩和外部力矩相互制衡的结果。

在体育运动中,能产生多少力矩取决于力的强度(大小)及其从力的拉力线到旋转轴的垂直距离(力臂)。当拉力角为 90°时,力矩最大,随着拉力角从 90°开始增大或减小,力矩逐渐减小。图 4-1 所示为力臂对力矩的影响。

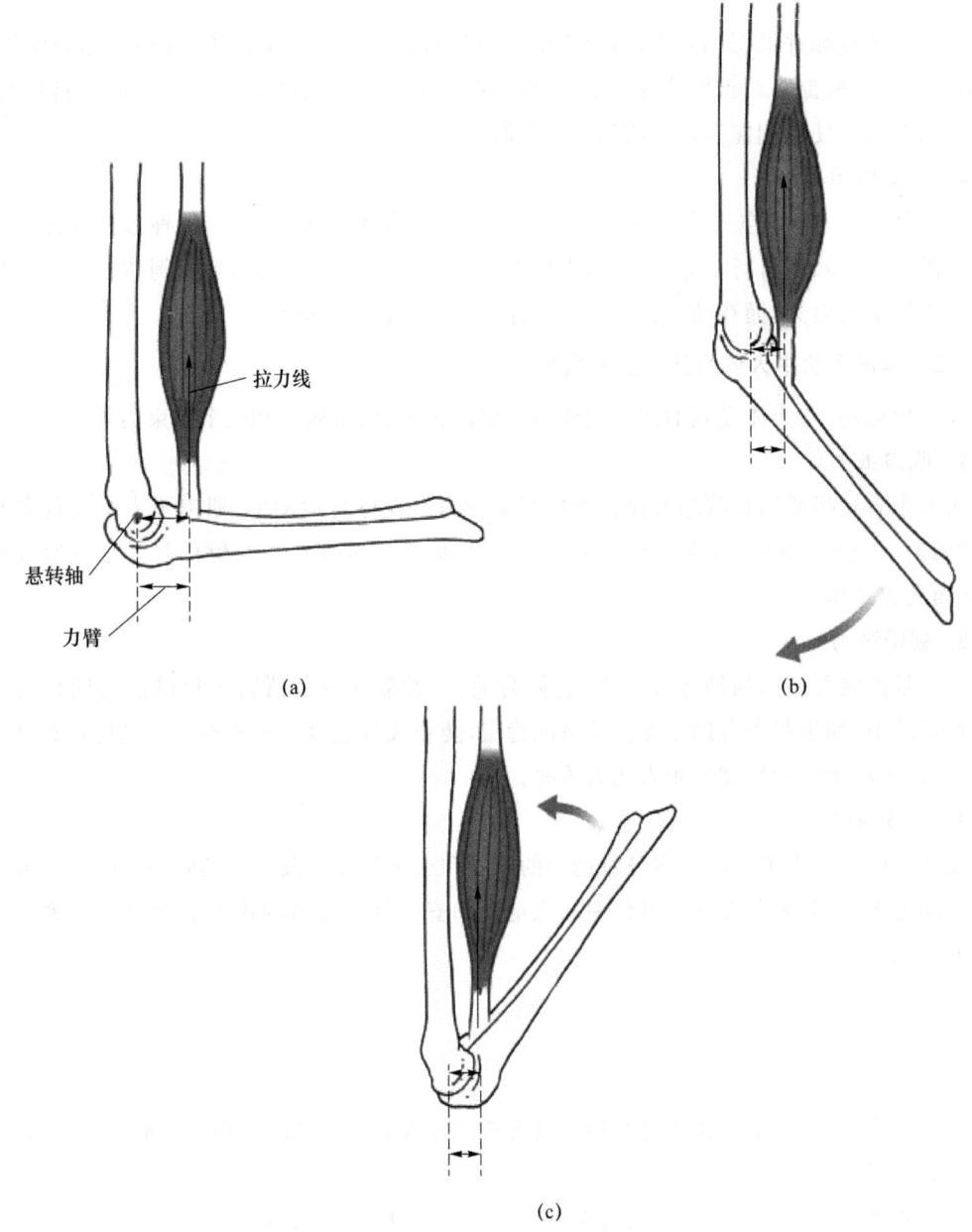

图 4-1 力臂对力矩的影响

第二节 骨杠杆的生物力学基础

骨杠杆是一个生物学概念，它描述了人体骨骼在肌肉拉力的作用下，围绕关节运动轴转动并克服阻力做功的过程。这一过程类似于物理学中的杠杆原理，因此被称为骨杠杆。了解骨杠杆对于理解人体运动机制、提高运动能力以及预防运动损伤等方面都具有重要意义。

一、杠杆力学的基础知识

1. 支点

支点是杠杆绕着转动的轴心点。在骨杠杆中,支点是关节的运动中心。

2. 力点

在骨杠杆中,力点是肌肉的附着点。

3. 阻力点

阻力点是指骨杠杆在运动过程中,承受阻力的作用点。

4. 力臂

力臂是从支点到动力作用线的垂直距离。

5. 阻力臂

阻力臂是从支点到阻力作用线的垂直距离。

二、杠杆的分类

根据支点、力点和阻力点之间的关系,骨杠杆可以分为平衡杠杆、省力杠杆和速度杠杆 3 种类型。

1. 平衡杠杆

平衡杠杆是指支点位于力点和阻力点之间的杠杆。其作用主要是传递动力和保持平衡。平衡杠杆类似于跷跷板。

在进行等长收缩或等速关节旋转时,基于杠杆原理得出 $F_M \cdot M_M = F_R \cdot M_R$(图 4-2)。因为 M_M 远小于 M_R,所以 F_M 必须远大于 F_R。这说明,为了保持平衡,需要较大的肌力来抵消相对小的外部阻力。

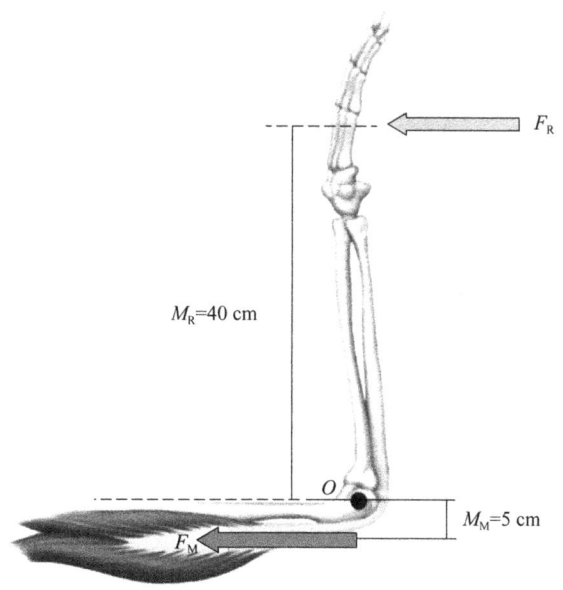

图 4-2 平衡杠杆

在肘部伸展抵抗阻力时,在图 4-2 中,O 为支点,F_M 为肌力,F_R 为阻力,M_M 为肌力力臂,M_R 为阻力力臂。机械效率＝M_M/M_R＝5 cm/40 cm＝0.125＜1.0,所以图 4-2 所示的平衡杠杆是一个费力杠杆。

2. 省力杠杆

省力杠杆是指阻力点位于支点和力点之间的杠杆。此类杠杆的特点是内部力臂比外部力臂长,使用相对较小的力就能克服较大的阻力,从而达到省力的效果,但省力杠杆的运动幅度通常较小。

在完成踮脚提踵动作时,因为肌力力臂大于阻力力臂,所以完成动作所需的肌力小于阻力(图 4-3)。

3. 速度杠杆

速度杠杆也叫费力杠杆,其力点位于支点和阻力点之间。这类杠杆的内部力臂比外部力臂短,需要较大的肌肉力量才能克服相对较小的阻力,但能让阻力点获得较大的运动速度和幅度。

当手持重物做臂弯举动作时,肌力的力臂比阻力的力臂短(图 4-4)。由于机械效率小于 1,

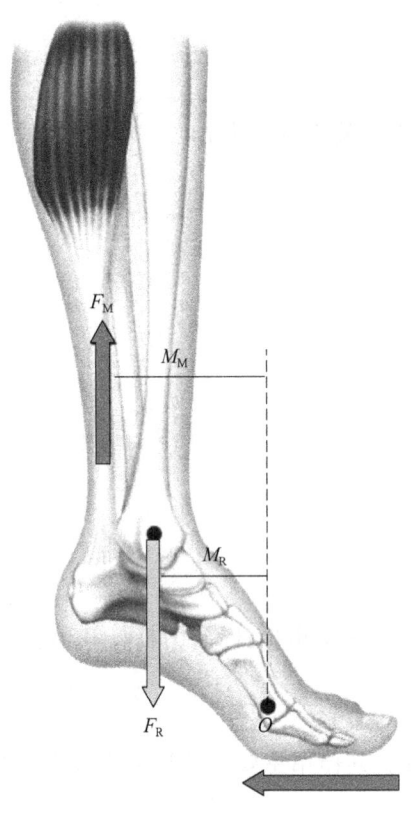

图 4-3 省力杠杆

因此肌力必须大于阻力才能产生同样的力矩。

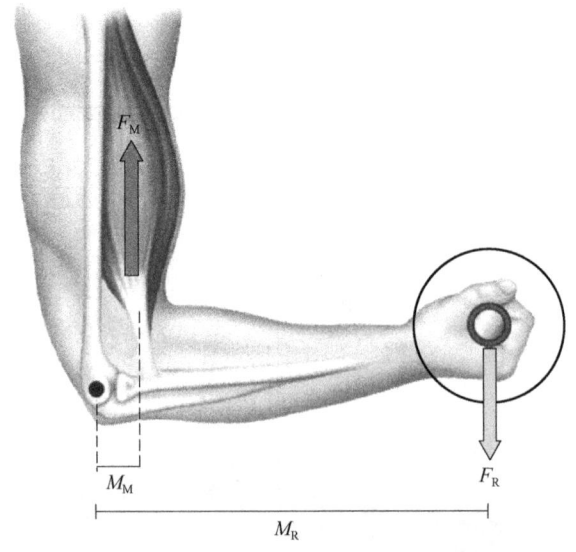

图 4-4 速度杠杆

当肘部屈曲对抗阻力时,在图 4-4 中,F_M 为肌力,F_R 为阻力,M_M 为肌力力臂,M_R 为阻力力臂。因为 M_M 远小于 M_R,所以 F_M 必须远大于 F_R 才能举起重物。

思 考 题

1. 举例说明人体力学系统中的外力和内力。
2. 结合日常运动经验举例说明骨杠杆的作用。

第二部分
实 践 篇

第五章 力量素质训练的理论和方法

第一节 力量素质概述

一、力量素质的概念

力量素质是人体运动技能的一种表现形式,是人体或身体某部分肌肉在收缩和舒张时克服阻力的能力。

二、力量的产生

力量的产生是人体内力(肌肉收缩的拉力、各组织器官的阻力)与外力(人体重力、支撑反作用力、摩擦力、外界环境阻力等)相互作用的结果。其大小受多种因素影响,如肌纤维的类型,肌肉的体积、长度、收缩速度,神经控制能力等。图 5-1 为肌肉协同工作示意图。

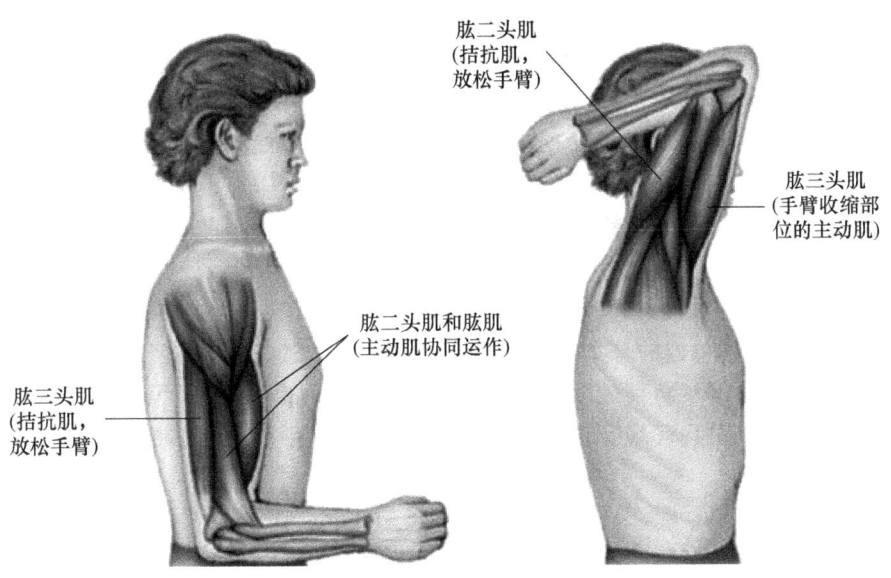

图 5-1 肌肉协同工作示意图

三、力量素质的分类

根据不同运动项目对力量素质的要求及表现形式的差异,可将力量素质分为多种类型。

1. 根据肌肉的收缩形式分类

根据肌肉收缩形式的不同,可将力量素质分为静力性力量素质和动力性力量素质两类。

静力性力量素质也称等长力量素质,指肌肉收缩完成某些静止的发力动作或整个动作中肢体没有明显位移时所产生的力量。

动力性力量素质也称等张力量素质,指肌肉在拉长或收缩时,使身体整体或某一部位产生位移或使外在物品产生运动的力量。

2. 根据力量与体重的关系分类

根据力量与体重的关系,可将力量素质分为绝对力量素质和相对力量素质两类。

绝对力量素质是指不考虑体重因素,人体整体或人体某部分以最大力量克服阻力的能力。

相对力量素质是指人体单位体重所具有的最大力量。

二者存在以下关系:

$$相对力量 = 绝对力量 / 体重(kg)$$

3. 根据最终力量的表现形式分类

根据最终力量表现形式的不同,可将力量素质分为最大力量素质、速度力量素质和力量耐力素质 3 类。

最大力量素质是指肌肉以最大力量进行收缩,对抗阻力所发挥的最高力值。

速度力量素质也叫快速力量素质,是指人体在特定负荷条件下所表现出来的最大动作速度,即在最短时间内发挥肌肉力量的能力。速度力量素质最典型的表现形式是爆发力,即在最短时间内达到最大加速度、克服阻力的能力。爆发力是由最大力量与最大速度结合组成的。其公式为

$$爆发力 = 力量 \times 速度$$

或

$$爆发力 = 力量 \times 距离 \div 时间$$

力量耐力素质是指在较长时间的运动中,肌肉持续进行力量输出的能力。

四、影响力量素质的主要因素

1. 神经控制

肌肉收缩时对运动单位的募集及运动单元的激活频率都是通过神经来控制的。在进行体能训练的初期,尤其是开展负荷较大的力量和速度训练项目时,这一过程实际上就是神经适应和学习的阶段,适应新的内环境及负荷,学习如何从肌纤维中募集更多的运动单元,获取更大的力量。

2. 肌肉的横截面积

在相同条件下,肌肉的横截面积越大,其能提供的力量就越大。需要注意的是,肌肉的横截面积并不能代表肌肉的体积,肌肉体积的大小还需考虑肌肉的长度。对于同一块肌肉而言,即使不同个体间可能存在身高、体型等差异,使肌肉的长度有所不同(长度越长的肌肉体积越大,质量也越大),但只要肌肉的横截面积大致相同,其能提供的力量也大致相同。

3. 肌肉的收缩速度

肌肉产生的力量会随肌肉收缩速度的加快而减小,也就是说,肌肉收缩速度越快,产生的力量越小,但两者的比例关系并非线性。

4. 关节角度

人体在完成动作时,需要关节的参与,即需要通过围绕关节旋转来产生动作。前文提到过,肌肉和骨骼通过杠杆作用产生力量,而在关节角度(关节活动范围)发生变化的过程中,肌肉长度、肌腱长度及关节结构都会随时发生变化,这意味着杠杆中的力臂在不断变化,因此力矩也会随之变化。

5. 关节角速度

肌肉的活动方式可以大致分为向心运动、离心运动、等长运动3种。

向心运动:肌力大于阻力,肌肉长度缩短。

离心运动:肌力小于阻力,肌肉长度变长。

等长运动:肌力等于阻力,肌肉长度不变。

在完成向心运动时,随着关节角速度的增加,转动力矩逐渐减小;在完成离心运动时,随着角速度的增加,转动力矩逐渐增大。由此可见,在进行离心运动时,肌肉可以获得更大的力量。

6. 肌肉力量与肌肉质量比

在某些特定类型项目(如速度类、跳跃类项目)的训练中,需要关注肌肉力量与肌肉质量比,即肌肉力量的增大应有助于身体加速完成动作。肌肉力量的增大通常会带来肌肉质量的增加,所以在从事该类项目训练时,需随时关注自身的肌肉力量与肌肉质量比,以确定最佳的肌肉力量与肌肉质量比,从而获得最佳运动表现。

第二节 力量素质训练的方法

根据肌肉的收缩形式,可将力量素质训练大致分为动力性力量素质训练和静力性力量素质训练两类,日常训练以动力性力量素质训练为主。根据训练目的的不同,动力性力量素质训练计划的制定需要考虑负荷强度、组数、组间歇、单组完成次数、动作速度等因素,如表5-1所示。

表 5-1 训练目的与不同因素的关系

训练目的	负荷强度	组数	组间歇	单组完成次数	动作速度
发展最大力量(提高最大输出功率)	85%~100%	6~10	3分钟	1~3	快速、适中发力
发展快速力量	70%~85%	6~8	3分钟	3~5	极快发力
增加肌肉体积及发展小肌群力量	60%~70%	4~8	3~4分钟	6~12	适中、慢速发力

一、最大力量的训练

最大力量即肌肉的极限输出功率。最大力量主要受肌肉的横截面积、短时内募集运动单元的能力、关节角度等因素的影响。发展最大力量的练习方法主要有重复练习法、最大负荷练习法、超负荷离心练习法、静力性练习法等。这些方法可以有效增大肌肉的横截面积,提高肌肉在高度紧张状态下的发力能力,同时也可以很好地发展绝对力量,对快速力量及力量耐力的发展具有积极作用。

二、快速力量的训练

快速力量的运动表现主要受限于力量素质与速度素质两个因素。生理学实验研究表明，肌肉的收缩程度受肌肉收缩速度与负荷的影响。当负荷较小时，肌肉收缩速度较快，肌肉缩短的长度较大；随着负荷增大，肌肉收缩速度减慢，肌肉缩短的长度减小；当负荷刚好超过肌肉的最大等张收缩力（即肌肉的最大力量）时，肌肉收缩速度为零。由此可以看出，提高速度能力和最大力量，可以更好地发展快速力量能力。

三、力量耐力的训练

力量耐力是指肌肉保持长时间完成动力性或静力性工作的能力，是力量素质与耐力素质的综合体现。由于发展力量耐力的训练的要求、目的不同，肌肉的工作方式存在一些差异，因此力量耐力的训练大致可以分为动力性力量耐力训练和静力性力量耐力训练。动力性力量训练耐力可分为最大力量耐力训练和快速力量耐力训练，前者注重发展重复发挥最大力量的能力，后者注重发展重复发挥快速力量的能力。静力性力量耐力训练可细分为最大静力性力量耐力训练和接近最大静力性力量耐力训练。

第三节 力量素质训练的技术动作

力量素质训练的技术动作主要由自由重量和器械训练组成。

一、基础动作

1. 握法

正握：小臂内旋，掌心向内，拇指扣于食指、中指上握杠（图5-2）。

图 5-2 正握

反握：小臂外旋，掌心向外，拇指扣于食指、中指上握杠（图5-3）。

图5-3 反握

正反握：一手正握，一手反握（图5-4）。

图5-4 正反握

锁握：与正握相似，不同的是锁握时食指、中指扣于拇指上握杠。锁握属于强力型握杠方式，具有较好的固定效果，多用于快速力量（爆发力）的训练（图5-5）。

半握：也称开握，是指拇指对杠铃无扣压固定，由除拇指以外的四指环握杠铃的一种握杠方式（图5-6）。半握属于开放式握杠，便于力量的传导。由于半握的固定效果较差，出于对安全的考虑，该握法需要练习者具备一定的训练基础，因此不适合新手。

2. 身体形成稳定姿势（状态）

站立姿势：双脚分开站立，大多数练习都要求练习者双脚分开的距离略大于髋关节宽度，接近肩宽，双脚全脚掌与地面接触。躯干保持中立位置，背部紧绷，核心区发力收紧。

坐位及仰卧姿势：坐位或仰卧姿势的训练动作一般需要借助训练凳来完成，练习者在练习前需要提前做好稳定的准备姿势（五点接触姿势），固定身体姿态。练习者的头部需要靠在训练凳上(进行个别坐位姿势的练习时,头部可不靠在训练凳上)。练习者的上背部、臀部与训练凳接触,形成稳定支撑,下背部空出,不接触训练凳,核心区发力收紧。练习者的双脚全脚掌踏于地面上。

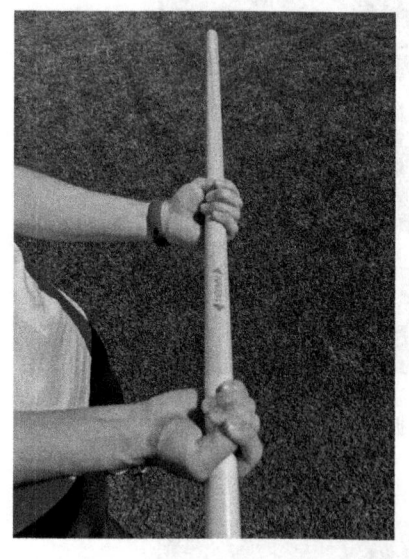

图 5-5 锁握

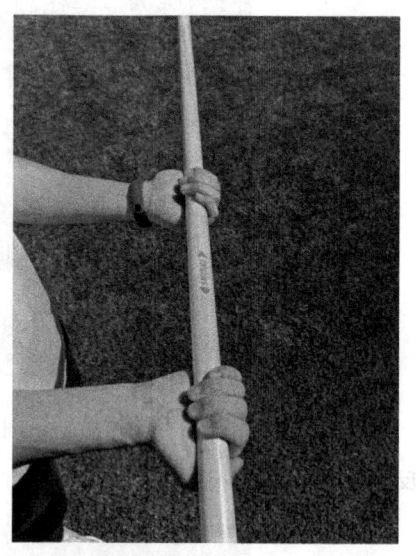

图 5-6 半握

二、练习动作讲解

(一)胸部力量的训练

1. 平板杠铃卧推

主要发展肌肉:胸大肌、三角肌前束、肱三头肌等。

(1)动作方法

在准备阶段,练习者仰卧在训练凳上,调整自己与杠铃的位置,使杠铃杆位于双眼正上方;头部、上背部、臀部接触凳面,下背部空出,不与凳面接触;双脚全脚掌踏于地面上,脚跟向臀部方向靠拢内收;双臂伸直,双手握杠,握距为肩宽加四拳的距离(两侧各延展两拳的距离),腕、肘、肩呈一条直线且垂直于地面。

在杠铃下行阶段,屈肘使杠铃杆下行,同时双肘保持自然状态并适当外展,当杠铃杆行至最低点时,肩高于肘,但腕与肘仍呈一条直线且垂直于地面,即小臂近似垂直于地面,大臂呈自然打开状态,大臂与躯干所成角为锐角。慢慢下放杠铃杆至胸大肌下缘的上方,杠铃杆的最低点位置一般为胸前2厘米处,即肩胛内收,向脊柱方向靠近,产生夹紧的感觉。

在杠铃上行阶段,胸大肌主动收缩发力,当杠铃杆开始向上运动时,肱三头肌收缩发力,带动肘关节伸展,直至将杠铃杆推回起始位置(双肩正上方),此时手臂垂直于地面;推起杠铃后,呼气,以防止代偿。

图 5-7 所示为平板杠铃卧推的完整过程。

图 5-7 平板杠铃卧推的完整过程

（2）注意事项

练习者应始终保持双肩及肩胛下沉，腰腹自然收紧；在杠铃下行过程中，需要固定胸腔，吸气后屏住气，增加腔压，形成发力状态，杠铃杆的下降速度要由主要发力部位的肌肉控制；在杠铃上行过程中，为了使胸大肌获得较好的生物力学表现，需要始终保持挺胸沉肩的状态。

如果进行高级阶段的练习，需要孤立练习部位，则可先将小腿交叉抬起，再进行练习。此外，还可以通过调整双手握距或训练凳倾斜角度来对肌肉的重点部位进行针对性练习：宽握距侧重胸大肌外侧部位的锻炼；窄握距侧重胸大肌内侧部位的锻炼；训练凳呈上斜角侧重胸大肌上部的锻炼；训练凳呈下斜角侧重胸大肌下部的锻炼。

2. 平卧哑铃飞鸟

主要发展肌肉：胸大肌、三角肌前束等。

（1）动作方法

在准备阶段，练习者仰卧于训练凳上，头部、上背部、臀部接触凳面，下背部空出，不与凳面接触，双脚全脚掌踏于地面上，双手各握持一个哑铃，掌心相对，双臂伸直，此时哑铃位于胸部上方，腕、肘、肩呈一条直线且垂直于地面，控制好哑铃的重心，保持身体稳定。

在哑铃下行阶段，吸气，双臂向两侧打开，直至大臂超过背部所在平面，随着打开动作，双侧肘关节微屈，小臂与大臂所呈角度为 120°到 140°，哑铃行至最低点时与肩基本平行，肘低于肩。

在哑铃上行阶段，胸部肌群主动收缩发力，带动大臂向内收拢，同时肘关节缓慢伸展，直至哑铃回到起始位置（双肩上方），手臂垂直于地面。发力结束或即将结束时，呼气，以防止代偿。

图 5-8 所示为平卧哑铃飞鸟的完整过程。

图 5-8　平卧哑铃飞鸟的完整过程

(2) 注意事项

练习者应始终保持双肩及肩胛下沉、核心收紧状态；在双臂向两侧打开时，需以胸大肌和三角肌的力量控制大臂向身体两侧缓慢打开，同时吸气，当哑铃行至最低点时，屏住气，增加腔压，形成发力状态；平卧哑铃飞鸟着重于增加胸大肌的宽度，训练时应避免追求过大的负重。

3. 俯卧双臂屈伸

主要发展肌肉：胸大肌、肱三头肌等。

(1) 动作方法

在准备阶段，两臂伸直，双手支撑在地面上，两手间距离略宽于肩，双脚并拢，脚尖触地，微抬头，目视前方，挺胸，核心发力收紧，背、臀、腿呈一条直线，全身形成稳定支撑姿势。

在动作下行阶段，躯干紧绷挺直，吸气，在屈肘下降时，双肘保持舒适状态并适当外展，躯干缓慢下落。

在动作上行阶段，胸部肌群主动收缩发力，带动肱三头肌收缩，使双侧肘关节伸展从而推起身体，直至双臂伸直。

图 5-9 所示为俯卧双臂屈伸的完整过程。

图 5-9　俯卧双臂屈伸的完整过程

(2) 注意事项

练习者应保持核心收紧状态,在屈肘下降时,控制好速度,使躯干缓慢下行,至最低点时屏住气,增加腔压,形成发力状态,此时胸大肌应有拉伸感;在动作上行阶段,需始终保持挺胸沉肩动作,以保证胸大肌处于最佳发力状态。

通过调整双手之间的距离,可以对肌肉的重点部位进行针对性练习:宽距俯卧撑重点发展胸大肌的外侧部分,同时锻炼三角肌前束和肱三头肌;窄距俯卧撑重点发展三角肌前束和肱三头肌,同时锻炼胸大肌的内侧部分。

4. 夹胸(器械)

主要发展肌肉:胸大肌等。

(1) 动作方法

在准备阶段,首先调整器械,手柄的打开角度以手柄与胸部在一条直线上为宜,手柄的高度则以双手握住手柄后,双臂平行于地面为准;然后坐在器械的坐垫上,头部及上背部靠在器械靠背上(有的器械的靠背高度不够,此时头部可能无法靠在靠背上),下背部空出,屈膝,双脚全脚掌踏于地面上,保持五点接触姿势,形成稳定支撑状态;最后双手握住两侧手柄。

在向前运动阶段,保持肘关节微屈并固定,自后向前拉动两只手柄,使其逐渐靠近,直至两侧手柄到达胸前位置;在整个过程中,保持五点接触姿势。

在向后运动阶段,在肌肉控制状态下,使手柄慢慢向后移动,直至其回到起始位置;在整个过程中,保持五点接触姿势。

图 5-10 所示为夹胸(器械)的完整过程。

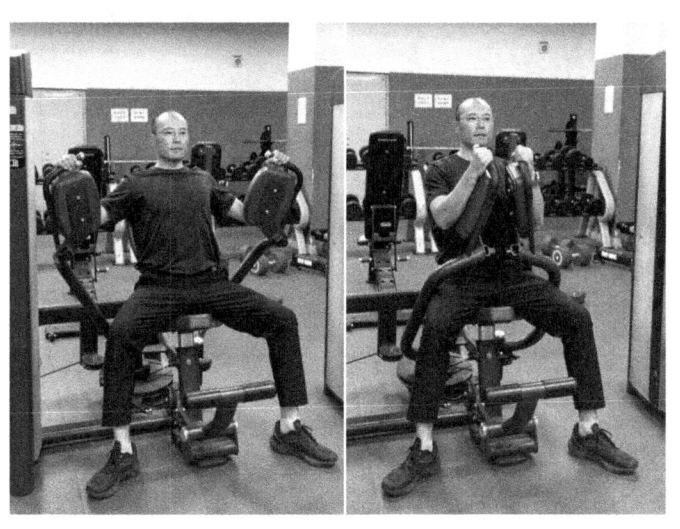

图 5-10 夹胸(器械)的完整过程

(2) 注意事项

练习者应始终保持双肩及肩胛后置,保证胸部处于发力状态,同时保持核心收紧状态;要固定胸椎及腰椎的位置,以避免代偿;在使手柄向后移动的阶段,应控制好速度,双臂缓慢向两侧打开。

(二) 背部力量的训练

1. 俯身划船

主要发展肌肉:背阔肌、大圆肌、斜方肌中部、菱形肌、三角肌后束等。

(1) 动作方法

采用硬拉的姿势提起杠铃,双手以正握方式抓握杠铃,握距稍大于肩宽;双脚间距离与肩同宽,微屈膝,全脚掌接触地面稳定站立;屈髋,躯干前倾,近似平行于地面;肘关节伸直,使杠铃悬垂,手臂垂直于地面。

在向上运动阶段,背部肌群主动发力,带动手臂向躯干方向提拉杠铃,直至杠铃到达腹部位置。

在向下运动阶段,在肌肉控制状态下,慢慢将杠铃下放至起始位置。完成一组练习后,采用硬拉的姿势,屈髋、屈膝,将杠铃放回地面。

图 5-11 所示为俯身划船的完整过程。

图 5-11　俯身划船的完整过程

(2) 注意事项

练习者应始终保持脊柱处于中立位置,背部紧绷,避免出现弓背弓腰动作,膝关节应始终微屈,不要蹬起;向上提拉杠铃时,应保持杠铃靠近大腿,向斜后上方提拉杠铃,避免垂直向上提拉杠铃;向上提拉杠铃前,应注意吸气且屏住呼吸,增大腔压,形成发力状态;杠铃下行过程中,要控制好速度,使杠铃缓慢下落。

2. 单臂哑铃划船

主要发展肌肉:背阔肌、大圆肌、斜方肌中部、菱形肌、三角肌后束等。

(1) 动作方法

在准备阶段,俯身,脊柱保持在中立位置,核心发力收紧,躯干与地面平行;一只脚站在地面上,膝关节微屈,同侧手握持哑铃,肘关节伸直,哑铃悬垂,手臂垂直于地面;另一侧膝关节跪在训练凳上,同侧手撑在训练凳上,形成稳定支撑状态。每次练习都从此位置开始。

在向上运动阶段,吸气,背部肌群主动收缩发力,带动手臂完成屈肘提拉动作,将哑铃向躯干方向拉起,直至哑铃靠近或触及同侧躯干。

在向下运动阶段,在肌肉控制状态下,慢慢将哑铃下放至起始位置。

图 5-12 所示为单臂哑铃划船的完整过程。

图 5-12 单臂哑铃划船的完整过程

（2）注意事项

练习者应始终保持脊柱处于中立位置，核心收紧，膝关节微屈，不要蹬地伸直；屈肘提拉哑铃时，躯干不要旋转，以避免代偿；下放哑铃时，应控制速度，将其缓慢下放。

3. 高位下拉（器械）

主要发展肌肉：背阔肌、大圆肌、斜方肌中部、菱形肌、三角肌后束等。

（1）动作方法

首先调整器械的挡板及拉杆高度，然后面对器械坐下，将大腿压在挡板下，双脚踏于地面上，躯干稍向后倾斜，双手以正握方式握住器械把杆，握距大于肩宽，肘关节伸直。每次练习都从此位置开始。

在向下运动阶段，背部肌群主动收缩发力，带动肩和手臂将把杆下拉至上胸部。

在向上运动阶段，在肌肉控制状态下，肘关节慢慢伸直，回到起始位置。

图 5-13 所示为高位下拉（器械）的完整过程。

图 5-13 高位下拉（器械）的完整过程

（2）注意事项

练习者应保持躯干稍微后倾，核心收紧，固定肩关节位置，使肩关节不要起伏，以避免代偿；放回配重时，应在肌肉控制状态下完成，速度要缓慢；完成练习后，应先站起将配重放回，再松手泄力,以避免损伤。

4. 低位滑轮坐姿划船(器械)

主要发展肌肉:背阔肌、斜方肌、菱形肌等。

(1)动作方法

面对器械坐下,采用直立坐姿,双脚踩在器械前方的踏板上,膝关节微屈;双手握住器械把手,肘关节伸直,手臂与地面近似平行。每次练习都从此位置开始。

在向后运动阶段,背部肌群主动收缩发力,带动肩及手臂屈肘将把手拉向腹部位置。

在向前运动阶段,在肌肉控制状态下,肘关节慢慢伸直,至起始位置。

图 5-14 所示为低位滑轮坐姿划船(器械)的完整过程。

图 5-14 低位滑轮坐姿划船(器械)的完整过程

(2)注意事项

在整个过程中,练习者应保持躯干处于中立位置,核心收紧,不要前后晃动或伸直膝关节,以避免代偿;放回配重时,应控制速度,肘关节缓慢伸展;完成练习后,应先屈膝、屈髋,躯干前倾将配重放回,再松手泄力,以避免损伤。

(三)上肢力量的训练

1. 杠铃肱二头肌弯举

主要发展肌肉:肱二头肌、肱肌、肱桡肌等。

(1)动作方法

采用站立姿势,躯干保持中立位置,核心收紧;双脚间距离与肩同宽;手臂紧贴躯干,双手以反握方式抓握杠铃,握距与肩同宽,肘关节伸直,将杠铃放在大腿前方。每次练习都从此位置开始。

在向上运动阶段,肱二头肌主动收缩发力,肘关节屈曲,小臂抬起,使杠铃靠近三角肌前束位置。

在向下运动阶段,在肌肉控制状态下,肘关节缓慢伸直,将杠铃下放至起始位置。

图 5-15 所示为杠铃肱二头肌弯举的完整过程。

图 5-15　杠铃肱二头肌弯举的完整过程

（2）注意事项

练习者应始终保持躯干处于中立位置,固定肩及上臂位置,不要晃动身体,核心收紧;下放杠铃时,应在肌肉控制状态下,缓慢下放;两次动作间要避免向前挺髋借力。

2. 锤式弯举

主要发展肌肉:肱二头肌、肱肌等。

（1）动作方法

采用站立姿势,躯干处于中立位置,核心收紧,双脚间距离与肩同宽;双手各握持一个哑铃,肘关节伸直,两臂自然下垂,将哑铃置于大腿两侧。每次练习都从此位置开始。

在向上运动阶段,一侧手臂主动发力,完成屈肘,小臂伴随上举做旋外动作,举起哑铃后,使哑铃靠近三角肌前束位置,且向外侧旋转 90°,另一侧手臂保持不动;待将哑铃放回起始位置后,另一侧手臂重复此动作。

在向下运动阶段,在肌肉控制状态下,肘关节缓慢伸直,小臂伴随下放做旋内动作,放下哑铃后,肘关节伸直,使哑铃回到起始位置,手臂自然下垂。

图 5-16 所示为锤式弯举的完整过程。

（2）注意事项

在整个过程中,练习者需要保持躯干挺直,固定肩与上臂的位置,不要晃动身体或挺髋借力;下放哑铃时,要控制速度,使哑铃缓慢下行。

图 5-16 锤式弯举的完整过程

3. 仰卧杠铃肱三头肌伸展

主要发展肌肉：肱三头肌等。

（1）动作方法（练习者）

练习者仰卧在训练凳上，身体呈五点（头部、上背部、臀部、双脚）接触姿势，形成稳定支撑；双手以正握方式握住杠铃，握距小于肩宽，约为 30 厘米；肘关节伸直，将杠铃置于胸部正上方。每次练习都从此位置开始。

在杠铃下行阶段，在肌肉控制状态下，肘关节缓慢屈曲，小臂下放，使杠铃杆向面部方向下降，直至靠近头部；在整个过程中，需要始终保持五点接触姿势。

在杠铃上行阶段，练习者保持五点接触姿势，肱三头肌收缩发力，带动肘关节伸展，小臂抬起，将杠铃举回起始位置；完成一组练习后，向协助者示意，待协助者完全接过杠铃后，再松手泄力。

（2）注意事项

练习者应始终保持核心收紧状态，同时固定肩及上臂位置，保持上臂不动，保持腕关节稳定，不要随意放松，双侧上臂始终垂直于地面，且彼此平行；在肘关节屈曲阶段，应控制速度，缓慢下放杠铃；需要注意，肘关节在屈曲和伸展时，应始终指向膝关节，避免出现外展动作。

（3）动作方法（协助者）

协助者站在练习者头部上方位置，靠近练习者，不要距离过远；双脚前后交错站立，膝关节微屈，双脚间距离与肩同宽或稍大于肩宽；双手以反握方式握住杠铃，将杠铃放到练习者手中，且将杠铃置于练习者胸部上方；待练习者准备完毕，松手释放杠铃。

在杠铃下行过程中，协助者需要始终保持双手反握姿势，双手放在杠铃杆下方，并且跟随杠铃移动，但不要握住或碰到杠铃杆；在跟随杠铃移动的过程中，时刻注意保持背部紧绷状态，并且及时调整膝关节、髋关节角度。

在杠铃上行过程中，协助者需要始终保持双手反握姿势，双手放在杠铃杆下方，并且跟随杠铃移动，但不要握住或碰到杠铃杆；在跟随杠铃移动的过程中，时刻注意保持背部紧绷状态，并且及时调整膝关节、髋关节角度；待练习者完成一组练习后，及时接过杠铃并将其放回地面。

图 5-17 所示为仰卧杠铃肱三头肌伸展的完整过程。

图 5-17　仰卧杠铃肱三头肌伸展的完整过程

4．肱三头肌下压(器械)

主要发展肌肉：肱三头肌等。

(1) 动作方法

调整器械手柄高度，保证在起始位置时也可以拉直绳索；采用站立姿势，双脚间距离与肩同宽，膝关节、髋关节微屈，躯干紧绷且适当前倾；双手以正握方式握住器械手柄，握距小于肩宽，为 15～30 厘米；屈肘，双手下拉手柄，至配重刚刚离开支撑。

在向下运动阶段，肱三头肌主动收缩发力，带动肘关节伸展，完成下压手柄动作。

在向上运动阶段，控制屈肘速度，使小臂慢慢回到起始位置；完成一组练习后，慢慢将配重放回，形成支撑后再完全松开器械手柄。

图 5-18 所示为肱三头肌下压(器械)的完整过程。

图 5-18　肱三头肌下压(器械)的完整过程

(2) 注意事项

练习者应始终保持核心收紧状态，同时保持膝关节、髋关节、肩关节及上臂位置固定；在肌肉控制状态下，缓慢屈肘将配重放回，切忌快速泄力。

5. 腕屈曲

主要发展肌肉：尺侧腕曲肌、桡侧腕屈肌、掌长肌等。

（1）动作方法

坐在训练凳上，双脚平行，脚尖向前；双手以反握方式握住杠铃杆，掌心向上，握距与肩同宽；躯干前倾，肘及靠近肘关节的部分前臂放在大腿上；手腕背屈，使杠铃杆降至髌骨以下位置。

在杠铃上行阶段，手腕屈曲，向上提起杠铃，至手腕微背伸。

在杠铃下行阶段，固定躯干及手臂位置，控制手腕背屈速度，慢慢将杠铃下放至起始位置。

图 5-19 所示为腕屈曲的完整过程。

图 5-19 腕屈曲的完整过程

（2）注意事项

在整个过程中，练习者应保持核心收紧状态，同时固定肩、肘、上臂、前臂及躯干位置，不要耸肩，以避免代偿；应控制手腕背屈、背伸的速度。

6. 腕伸展

主要发展肌肉：尺侧腕伸肌、桡侧腕短伸肌、桡侧腕长伸肌等。

（1）动作方法

坐在训练凳上，双脚平行，脚尖向前；双手以正握方式握住杠铃杆，掌心向下，握距与肩同宽；躯干前倾，肘及靠近肘关节的部分前臂放在大腿上；手腕背伸，使杠铃杆降至髌骨以下位置。

在杠铃上行阶段，手腕背屈，向上提起杠铃杆。

在杠铃下行阶段，固定躯干及手臂位置，控制手腕背伸速度，慢慢将杠铃杆下放至起始位置。

图 5-20 所示为腕伸展的完整过程。

（2）注意事项

在整个过程中，练习者应保持核心收紧状态，同时固定肩、肘、上臂、前臂及躯干位置，不要耸肩，以避免代偿；应控制手腕背屈、背伸的速度。

图 5-20 腕伸展的完整过程

(四)肩部力量的训练

1. 肩上推举(器械)

主要发展肌肉:三角肌前束、三角肌中束、肱三头肌等。

(1)动作方法

调整器械座椅高度及手柄位置,保证坐下后,手柄对准肩部顶端,且手柄处于正确的起始位置;坐在座椅上,头部及上背部紧贴座椅靠背,身体呈五点接触姿势,双手以正握方式握住手柄。

在向上运动阶段,向上推举手柄,直到肘关节完全伸直。

在向下运动阶段,在肌肉的控制下,慢慢使手柄下降到起始位置。

图 5-21 所示为肩上推举(器械)的完整过程。

图 5-21 肩上推举(器械)的完整过程

(2)注意事项

在整个过程中,练习者应保持核心收紧状态,并保持五点接触姿势,避免耸肩或拱背;向上推举手柄快结束时,需要注意提前锁止肘关节,不要过度伸展;推起手柄后,应缓慢屈肘下放手柄,并注意控制速度。

2. 坐姿杠铃（或哑铃）肩上推举

主要发展肌肉：三角肌前束、三角肌中束、肱三头肌等。

（1）动作方法（练习者）

练习者坐在训练凳上，头部及上背部紧贴靠背，躯干稍向后倾，身体呈五点接触姿势；从协助者手中接过杠铃（哑铃），双手以正握方式握持杠铃（哑铃），握距略大于肩宽，屈肘，使杠铃（哑铃）靠近锁骨与三角肌前束。每次练习都从此位置开始。

练习者向上推举杠铃（哑铃），直至肘关节完全伸直。

在杠铃（哑铃）下行阶段，需要固定手腕，且在肌肉控制状态下，缓慢屈肘，使杠铃（哑铃）下降至起始位置；在整个过程中，前臂彼此平行，身体保持五点接触姿势；完成一组练习后，向协助者示意，待协助者完全接过杠铃（哑铃）后，再松手泄力。

（2）注意事项

在整个推举过程中，练习者应保持核心收紧状态，并保持前臂彼此平行，锁定手腕，身体保持五点接触姿势，避免耸肩或拱背；推举快结束时，注意提前锁止肘关节，不要过度伸展；下放时，要缓慢屈肘，控制速度。

（3）动作方法（协助者）

协助者站在训练凳后方，膝关节微屈，两脚间距离与肩同宽或略大于肩宽；待练习者调整好坐姿后，将杠铃（哑铃）置于练习者肩上位置，待练习者准备完毕，松手释放杠铃（哑铃）。

在杠铃上行过程中，协助者需要始终保持双手反握姿势，双手放在杠铃杆下方，并且跟随杠铃移动，但不要握住或碰到杠铃杆；如果练习者使用哑铃进行练习，协助者需要将双手放在练习者手腕附近的下方进行保护，但不要触碰哑铃；在跟随杠铃（哑铃）移动过程中，协助者需要时刻注意保持核心收紧及背部紧绷状态。

图 5-22 所示为坐姿杠铃（或哑铃）肩上推举的完整过程。

图 5-22　坐姿杠铃（或哑铃）肩上推举的完整过程

在杠铃下行过程中，协助者始终保持双手反握姿势，双手放在杠铃杆下方，并且跟随杠铃移动，但不要握住或碰到杠铃杆；如果练习者使用哑铃进行练习，协助者需要将双手放在练习者手腕附近的下方进行保护，但不要触碰哑铃；在跟随杠铃（哑铃）移动过程中，协助者需要时刻注意保持核心收紧及背部紧绷状态；待练习者完成一组练习后，及时接过杠铃（哑铃）并将其放回地面。

3. 直立划船

主要发展肌肉：三角肌前中束、斜方肌上部等。

（1）动作方法

采用站立姿势，躯干处于中立位置，核心收紧；两脚间距离与肩同宽，膝关节微屈；双手以正握方式握住杠铃杆，握距略大于肩宽；肘关节指向两侧且完全伸直，将杠铃杆置于大腿前侧。每次练习都从此位置开始。

在杠铃上行阶段，屈肘，沿腹部、胸部、下巴方向提拉杠铃；杠铃在最高位置时，肘关节应与肩近似平行或略高于肩。

在杠铃杆下行阶段，保持肌肉对杠铃的控制，使杠铃缓慢下降至起始位置；在整个过程中，躯干及膝关节的位置不变。

图 5-23 所示为直立划船的完整过程。

图 5-23　直立划船的完整过程

（2）注意事项

练习者应始终保持核心收紧状态；在向上提拉杠铃阶段，使杠铃杆靠近身体，但不要触碰身体；在整个提拉阶段，始终保持肘关节指向两侧，不要摆动身体，固定膝关节的位置，保持躯干的中立位置，杠铃杆的提拉轨迹为一条直线，且垂直于地面；在下放杠铃阶段，应控制速度，缓慢下放杠铃。

4. 哑铃侧平举

主要发展肌肉：三角肌等。

（1）动作方法

采用站立姿势，躯干挺直；双脚间距离与肩同宽，膝关节微屈；双手各握持一只哑铃，肘关节微屈，将哑铃置于双腿斜外前方，掌心相对。

在向上运动阶段，双手向外、向上举起哑铃，直至手臂几乎与地面平行或接近肩的高度。

在向下运动阶段，保持肌肉对哑铃的控制，缓慢将哑铃下放至起始位置。

图 5-24 所示为哑铃侧平举的完整过程。

（2）注意事项

为了避免代偿，应使哑铃始终位于肩关节稍靠前的位置；在整个过程中，应使肘关节始终保持起始屈肘角度，且肘关节及上臂应与前臂及手腕同步向上运动；不要晃动身体，保持躯干挺直，固定膝关节的位置；在下放哑铃时，应控制速度，将哑铃缓慢下放至起始位置。

图 5-24 哑铃侧平举的完整过程

(五) 臀部和腿部力量的训练

1. 屈腿硬拉

主要发展肌肉：几乎可锻炼全身肌肉，主要锻炼斜方肌、腰方肌、竖脊肌、臀大肌、股四头肌、腘绳肌等。

(1) 动作方法

在准备阶段，将杠铃置于地面上；躯干处于中立位置，挺胸，背部紧绷；双脚开立，脚尖向前，也可选择适当外展，呈"V"字形站立，小腿前侧靠近杠铃，但不触碰杠铃，脚尖超过杠铃杆重心垂线；两脚间距离与髋同宽，略小于肩宽；目视前方，屈膝、屈髋、躯干前倾、下蹲，屈膝方向与脚尖方向一致，双手以正握或正反握方式握住杠铃杆，握距大于肩宽。

在杠铃上行阶段，准备发力前先吸气，屏住呼吸，增加胸腔压，形成发力状态；在杠铃上行初始阶段，以蹬腿为主要发力动作，保持躯干处于中立位置，并保持腰背挺直状态，臀大肌、股四头肌先行发力，膝关节伸展，将杠铃提起；待将杠铃提至膝关节高度时，膝关节继续伸展，同时，腘绳肌及下背部肌群主动发力，带动髋关节伸展，提拉杠铃至髋、膝完全展开，身体挺直；将杠铃拉起后，上背部微后倾，稍停顿，完成一次顶峰收缩。

在杠铃下行阶段，继续保持肌肉对器械的控制，屈膝、屈髋，躯干前倾，缓慢地下放杠铃；下放位置可根据训练配重进行选择，若配重较大，则可先将杠铃放置在地面上，再转接上行阶段，若配重中等或较小，则可先将杠铃放置在膝关节以下、小腿中部位置，再转接上行阶段。

图 5-25 所示为屈腿硬拉的完整过程。

(2) 注意事项

在准备阶段，练习者在下蹲过程中，应从主观上强化挺胸及臀部向下、向后坐的动作，同时收紧核心，保持背部紧绷，避免出现拱背、弓腰动作；在杠铃上行初始阶段，需要注意膝关节的伸展速度，避免出现膝关节几乎完全伸展而杠铃还没有被提拉离开地面的情况，否则会导致腰椎压力过大，增加受伤的风险；在杠铃上行阶段，肩及手臂不要主动发力提拉杠铃，也不要让杠铃前后摆动，杠铃的移动轨迹为一条直线，且垂直于地面；在杠铃下行阶段，必须始终保持肌肉对器械的控制，缓慢将杠铃放下，保持躯干处于中立位置，并保持腰背挺直状态，避免杠铃前后摆动，杠铃的移动轨迹为一条直线，且垂直于地面。

图 5-25 屈腿硬拉的完整过程

2. 罗马椅挺身（山羊挺身）

主要发展肌肉：主要强化脊柱两侧竖脊肌和腰方肌，对臀大肌和腘绳肌也有一定的锻炼作用。

（1）动作方法

调整罗马椅靠垫的位置，俯卧在罗马椅上，大腿紧贴靠垫，髋关节空出，可自由完成屈伸动作，躯干前倾、探出，腹背挺直，臀部及大腿后侧有明显拉伸感，两足跟抵住罗马椅下端固定处，双手放在头两侧或交叉放在胸前。

在挺身阶段，竖脊肌、臀大肌、腘绳肌收缩发力，使躯干缓慢向上挺起，直至髋关节完全伸展，稍停顿。

保持肌肉控制状态，缓慢屈髋，使躯干下落至起始位置，臀部、大腿后侧有拉伸感；核心收紧，腹背挺直。

图 5-26 所示为罗马椅挺身的完整过程。

图 5-26 罗马椅挺身的完整过程

（2）注意事项

练习者应始终保持核心收紧、腹背挺直、挺胸状态；挺起后，需要注意控制好幅度，腰部不要出现反弓动作。

3. 负重深蹲

主要发展肌肉：股四头肌、臀大肌、腘绳肌、竖脊肌和腹肌等。

(1) 动作方法

双手以正握方式握杠,握距大于肩宽,负重位置在斜方肌上束;握住杠铃杆后,双手稍向前推,肘关节向后,对杠铃进行固定;双脚自然开立,与肩同宽,脚尖略向外;挺胸收腹,背部收紧,躯干稍前倾,杠铃位于双脚正上方。

在杠铃下行过程中,头稍微抬起,吸气,杠铃到达最低位置时屏住气,增加腔压,形成发力状态;屈髋、屈膝,在肌肉控制状态下缓慢下蹲;蹲下后,大腿平行或臀部位置稍低于膝关节所处水平面,小腿所在平面与躯干所在平面平行。

在杠铃上行过程中,借助臀大肌、股四头肌的力量向上蹬起,髋关节与膝关节伸展,直至双腿伸直;发力时保持憋气状态,挺胸抬头,腰背挺直,使杠铃始终位于双脚正上方。

图 5-27 所示为负重深蹲的完整过程。

图 5-27　负重深蹲的完整过程

(2) 注意事项

负重深蹲训练时,要始终保持腹背挺直状态,避免出现拱背、弓腰动作;在整个蹲起过程中,应使杠铃始终位于双脚正上方,且屈膝方向与脚尖方向始终一致;在杠铃上行阶段,膝关节即将完全伸直时,要注意锁止动作,避免向后过度伸展;考虑到练习者身体结构的差异,如髋、膝、踝的柔韧度,双腿长度等的不同,可适当调整脚尖方向、双脚间距,以及是否在足跟位置设置垫板。

通过调整杠铃位置,可对重点位置进行针对性练习:在进行颈前深蹲训练时,用高翻动作(垂直提拉杠铃至肩的高度,同时双手手腕积极背屈,向上顶肘)将杠铃杆放至胸锁关节位置,但不要接触,保持这个姿势进行深蹲,重点练习大腿前侧肌群;在进行颈后高杠位深蹲训练时,负重位置在斜方肌上束,重点练习大腿前侧及臀部肌群;在进行颈后低杠位深蹲训练时,负重位置在肩胛冈位置,将杠铃杆放在三角肌后束上,可以练习整个大腿及臀部的肌肉。

4. 负重弓箭步

主要发展肌肉:股四头肌、臀大肌、腘绳肌等。

(1) 动作要求

采用站立姿势,双脚间距离与髋同宽,躯干保持中立位置,腹背挺直,目视前方;双手持哑铃,并将其放在身体两侧。

右腿(或左腿)向前迈出,同侧髋与膝屈曲,下蹲至大腿与地面接近平行,小腿垂直于地面,髋、膝、踝在同一平面内,对侧髋、膝、踝也在同一平面内,蹲下后稍停顿。

在向上阶段,双腿同时发力向上蹬伸,蹬起后,后脚前脚掌向前蹬地,重心前移,后脚收至前脚旁,恢复到起始状态;反复依次练习。

图 5-28 所示为负重弓箭步的完整过程。

图 5-28　负重弓箭步的完整过程

(2) 注意事项

在整个过程中,练习者应始终保持腹背挺直状态,躯干不要前倾;下蹲时不要向前顶膝送髋,髋关节向下运动的轨迹为一条直线,且垂直于地面;在蹬起过程中,要保持核心收紧状态,不要晃动身体。

5. 坐姿腿负重提踵

主要发展肌肉: 腓肠肌、比目鱼肌等。

(1) 动作方法

采用坐位姿势,挺胸收腹,目视前方;坐在训练凳上,双脚脚尖向前,全脚掌踏在地面上,两膝之间的距离约为髋关节宽度;将配重放在大腿前侧位置,双手固定配重,以防止配重滑动。

在上行阶段,小腿后侧肌群缓慢收缩发力,提起足跟,达到顶峰收缩后,稍微停顿。

在下行阶段,保持肌肉控制状态,足跟缓慢落下,小腿后侧肌群充分伸展。

图 5-29 所示为坐姿腿负重提踵的完整过程。

图 5-29　坐姿腿负重提踵的完整过程

（2）注意事项

在整个过程中，练习者需要注意收紧核心，同时固定躯干的位置，以避免代偿。

6. 立姿腿负重提踵

主要发展肌肉：腓肠肌、比目鱼肌等。

（1）动作方法

采用站立姿势，挺胸收腹，目视前方；将垫板放置在地面上，双脚前脚掌踩在垫板上，足跟悬空；双手持哑铃。

在上行阶段，小腿后侧腓肠肌和比目鱼肌主动收缩，向上缓慢提起足跟，足跟到达顶点后稍停顿。

在下行阶段，充分伸展小腿后侧肌群，使足跟缓慢下落至地面或接近地面的位置；在整个过程中，保持肌肉控制状态，以控制好速度。

图5-30所示为立姿腿负重提踵的完整过程。

图5-30 立姿腿负重提踵的完整过程

（2）注意事项

练习者应始终保持核心收紧、挺胸收腹状态，同时躯干始终保持中立位置，不要晃动。

（六）腹部力量的训练

1. 屈膝卷腹

主要发展肌肉：腹直肌等。

（1）动作方法

仰卧在垫子上，双手交叉放于胸前或肩上；屈膝，脚后跟稍向臀部靠拢。每次练习都从此位置开始。

在向上运动阶段，首先颈部屈曲，下颌稍微向锁骨靠近；然后躯干向大腿方向继续卷曲，直到上背部离开垫子。

在向下运动阶段，躯干沿卷曲起身的轨迹反向运动，使腹部展开，回到起始位置。

图 5-31 所示为屈膝卷腹的完整过程。

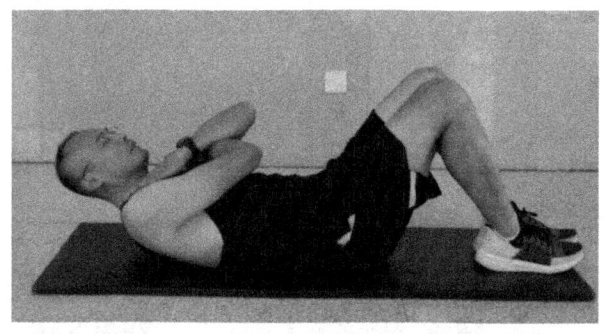

图 5-31　屈膝卷腹的完整过程

（2）注意事项

练习中,应始终保持下背部、臀部及双脚处于稳定状态,不要上下或前后摆动身体,以避免代偿。

2. 悬垂举腿

主要发展肌肉：腹直肌、腹外斜肌等。

（1）动作方法

双手握住支撑杆,身体呈悬垂状态；双脚并拢,膝关节伸直,双腿自然下垂；躯干处于中立位置。

在向上运动阶段,膝关节伸直,将腿向前、向上抬起。

在向下运动阶段,保持肌肉控制状态,慢速将腿下放至起始位置。

图 5-32 所示为悬垂举腿的完整过程。

（2）注意事项

练习者应保持核心收紧状态,背部紧绷,微挺胸；如果练习者基础较差,也可将动作改为屈膝抬起大腿；如果要加强对腹外斜肌的训练,练习者可以改变举腿方向,用脚在身前画圆,即加入外摆与内收动作；在整个过程中,保持躯干处于中立位置,不要晃动身体,以避免代偿。

（七）全身力量的训练

1. 颈前借力推举

主要发展肌肉：臀大肌、半膜肌、半腱肌、股二头肌、股外侧肌、股中间肌、股内侧肌、股直肌、比目鱼肌、腓肠肌、三角肌、斜方肌等。

图 5-32 悬垂举腿的完整过程

（1）动作方法

在准备阶段，采用站立姿势，脚尖向前或微向外，双脚间距离小于肩宽且大于髋关节宽度，躯干处于中立位置，腹背收紧；双手以正握方式握持杠铃，握距略宽于肩，屈肘将杠铃翻起至三角肌前束、胸锁关节位置，肘关节在杠铃杆正下方或略微偏前的位置。

在下沉准备阶段，在肌肉控制状态下，缓慢屈髋屈膝下蹲，使杠铃沿直线向下移动；在整个过程中，躯干保持挺直，双脚全脚掌踏在地面上，锁定肘关节及手腕的位置，控制好杠铃，在杠铃下行 15~20 厘米时停住，准备承接下一阶段动作。

在下沉准备完成后，杠铃杆到达发力起始位置，先快速强力地伸展髋关节、膝关节、踝关节，紧接着伸展肘关节，向上将杠铃杆推举过头顶，同时下颌稍微内收。

在向下阶段，在肌肉控制状态下，缓慢屈肘，逐渐减小手臂肌肉张力，控制杠铃杠下降至肩部高度后，同时屈髋、屈膝，做好缓冲。

图 5-33 所示为颈前借力推举的完整过程。

图 5-33　颈前借力推举的完整过程

（2）注意事项

练习者应始终保持核心收紧状态；杠铃被推起后，应位于耳朵上方微偏后的位置；下放杠铃时，需要注意及时屈膝、屈髋，做好缓冲。

2. 高翻（悬垂高翻）

主要发展肌肉：臀大肌、半膜肌、半腱肌、股二头肌、股外侧肌、股内侧肌、股中间肌、股直肌、比目鱼肌、腓肠肌、三角肌、斜方肌等。

（1）动作方法

在准备阶段，将杠铃放于地面上，双脚全脚掌踏在地面上，居中站在杠铃后方，站距大于髋关节宽度且小于肩宽，脚尖向前或微向外展，杠铃杆靠近小腿前侧，但不触碰小腿，脚尖超过杠铃杆重心垂线；屈膝屈髋下蹲，挺胸收腹，臀部向下、向后坐；双手以正握方式抓握杠铃，握距大于肩宽，手臂在膝关节外侧，肘关节伸直且指向外侧，肩在杠铃杆正上方或略微偏前的位置；蹲下完成握杠动作后，进一步调整身体姿势，肩胛后置，下颌微微抬起，保持挺胸及臀部后坐的姿势，目视前方或略微向上看。每次练习都由此位置开始。如果选用较低或中等配重进行训练，则可以让杠铃悬垂不落地（悬垂高翻），将膝关节高度附近的位置作为起始位置。

在上行的首次提拉阶段，强力快速地伸髋、伸膝，蹬腿将杠铃提离地面，这个阶段躯干与地面所成角度保持不变，肩及上肢不发力，肘关节保持伸直状态；杠铃杆贴近小腿，但不触碰小腿，将杠铃直线拉起并使其上升。

在向上转换阶段，杠铃被提拉至膝关节高度时，开始略微向前送髋；杠铃被提拉至大腿位置时，微屈膝，用大腿顶住杠铃，膝关节位于杠铃下方；在整个过程中，保持背部紧绷、挺直，肩与上肢不要主动发力，肘关节伸直且指向外侧。

在上行的第二次提拉阶段，继续快速伸展髋关节和膝关节，同时保持杠铃贴近身体上升，背部挺直；当髋、膝接近完全伸展状态时，快速向上耸肩，肘关节保持伸直且指向外侧；当肩部接近最高位置时，强力屈肘，手腕逐渐呈背伸状态，垂直向上提拉杠铃，肘关节指向外侧，在屈肘提拉的同时，躯干微微反弓后仰，并位于杠铃杆的下方。

在翻杠支撑阶段，当杠铃被提拉至肩的高度或稍高于肩的位置时，肘和手腕快速向前、向上旋转,肘关节上提,手腕背屈,同时屈髋、屈膝,积极进行缓冲,待平衡、稳定后,伸髋伸膝蹬起,注意伸展过程中膝关节不要过度伸展;杠铃被翻起后,置于胸锁关节(不触碰)和三角肌前束位置;在整个过程中,核心收紧,腹背挺直。

在下行阶段,肘关节和手腕向前、向下旋转,肘关节降低,同时手腕背伸,把杠铃从三角肌前束位置移开,下行时,肘关节充分伸展,使杠铃直线降到大腿位置;同时屈髋屈膝,下蹲15～20厘米,使杠铃杆靠到大腿上,随后蹬起站直。

图 5-34 所示为高翻的完整过程。

图 5-34　高翻的完整过程

(2) 注意事项

在准备阶段蹲下抓杠后,要保持挺胸及臀部后坐的姿势,以保持躯干绷直状态;在杠铃上行的首次提拉及转换阶段,要始终保持背部紧绷,肩与上肢不要主动发力,肘关节伸直且指向外侧;在上行的第二次提拉阶段,需要注意,杠铃要始终贴近身体,其轨迹近似垂直于地面,避免杠铃前摆,另外,这个阶段的发力属于爆发性发力,脚可能会与地面短暂失去接触;在翻杠支撑阶段及杠铃下行阶段,都需要积极屈膝屈髋,以缓冲接杠或下放杠铃的动作,防止膝关节过度伸展。

3. 抓举（悬垂抓举）

主要发展肌肉：臀大肌、半膜肌、半腱肌、股二头肌、股外侧肌、股内侧肌、股中间肌、股直肌、比目鱼肌、腓肠肌、三角肌、斜方肌等。

（1）动作方法

在准备阶段，确定握距，可以选取以下两种方法之一进行测量：

① 两臂侧平举，测量两肘之间的距离；

② 一侧手臂握拳侧平举，测量拳到对侧肩的距离。

测量完成后，双脚开立，居中站在杠铃杠后方，小腿前侧靠近杠铃，但不触碰杠铃，脚尖向前或稍微向外，且超过杠铃杆重心垂线，两脚间距离小于肩宽且大于髋关节宽度；屈膝屈髋下蹲，下蹲时微微抬头，挺胸，背部保持紧绷，臀部后坐；蹲下后，双手按照之前测量好的握距，以正握或锁握方式抓握杠铃，肘关节指向外侧且完全伸直；蹲下完成抓握杠铃动作后，进一步调整身体姿态，肩胛后置，下颌微微抬起，保持挺胸及臀部后坐的姿势，目视前方或略向上看。每次练习都由此位置开始。如果选用较低或中等配重进行训练，则可以让杠铃悬垂不落地（悬垂抓举），将膝关节高度附近位置作为起始位置。

在上行的首次提拉阶段，强力快速地伸髋伸膝，蹬腿将杠铃提离地面，躯干与地面所成角度保持不变，肩及上肢不发力，肘关节保持伸直；杠铃杆贴近小腿，但不触碰小腿，将杠铃直线拉起并使其上升。

在向上转换阶段，杠铃被提拉至膝关节高度时，开始略微向前送髋；杠铃被提拉至大腿位置时，微屈膝，用大腿顶住杠铃，膝关节位于杠铃下方；在整个过程中，保持背部紧绷、挺直，肩与上肢不要主动发力，肘关节伸直且指向外侧。

在上行的第二次提拉阶段，继续快速伸展髋关节和膝关节，同时保持杠铃贴近身体上升，背部挺直；当髋、膝接近完全伸展状态时，快速向上耸肩，肘关节保持伸直且指向外侧；当肩部接近最高位置时，强力屈肘，手腕逐渐呈背伸状态，垂直向上提拉杠铃，肘关节指向外侧，在屈肘提拉的同时，躯干微微反弓后仰，并位于杠铃杆的下方。

在向上抓杠支撑阶段，当杠铃杆被提拉过肩的高度时，快速屈膝屈髋完成下蹲动作，下蹲至大腿与水平面平行或稍低于水平面，在下蹲的同时，以肘关节为轴，小臂迅速后摆，完全伸直肘关节，此过程需及时调整手腕姿势，使手腕由提拉阶段的背伸过渡到背屈；完成下蹲抓杠动作后，及时锁定肩关节、肘关节和手腕，下颌微微内收，杠铃在双耳上方偏后位置，同时快速调整重心及姿势，保持躯干挺直，形成稳定支撑状态；在平衡后，保持躯干及上肢的动作不变，伸髋伸膝站起，直至完全直立姿势。

在下行阶段，缓慢减小肌肉张力，同时躯干呈反弓姿势稍后仰，下颌微微抬起，肌肉控制下屈肘，垂直向下引导杠铃至大腿位置，同时屈髋屈膝，下蹲15~20厘米，把杠铃缓冲靠到大腿上，随后蹬起站直。

图5-35所示为抓举的完整过程。

（2）注意事项

在准备阶段蹲下抓杠后，要保持挺胸及臀部后坐的姿势，以保持躯干绷直的状态；在杠铃上行的首次提拉及转换阶段，要始终保持背部紧绷，肩与上肢不要主动发力，肘关节伸直且指向外侧；在上行的第二次提拉阶段，需要注意，杠铃要始终贴近身体，其轨迹近似垂直于地面，避免杠铃前摆，另外，这个阶段的发力属于爆发性发力，脚可能会与地面短暂失去接触；在抓杠支撑阶段，杠铃被抓起后，要及时锁定肩关节、肘关节和手腕，同时下颌内收。在抓杠支撑阶段及杠铃下行阶段,都需要积极屈膝屈髋,以缓冲接杠或下放杠铃的动作,防止膝关节过度伸展。

图 5-35 抓举的完整过程

思 考 题

1. 简述力量素质的概念和分类。
2. 影响力量素质的主要因素有哪些?
3. 举例说明下肢爆发力的训练方法。

第六章　速度素质训练的理论和方法

第一节　速度素质概述

一、速度素质的概念

速度素质通常指快速移动的能力。结合运动训练,速度素质可以细化为3个方面:对刺激信号快速做出响应的能力、快速完成动作的能力、快速通过一段距离的能力。速度素质是一项基本素质,在体能训练中占有重要地位,很多发展其他素质的练习都需要以速度素质为基础。

二、速度素质的分类

速度素质主要分为反应速度、动作速度以及移动速度。

1. 反应速度

反应速度是指人对刺激(光、声、触觉等)的快速响应能力。反应速度的快慢主要受神经处理速度的影响,即练习者从感知刺激信号到做出响应所需时间的长短,时间越长,反应速度越慢,时间越短,反应速度越快。此外,反应速度的快慢还与刺激信号的复杂程度及所练习动作的难度与练习者的熟练程度相关。刺激信号的种类很多,包括可以直接响应的单一信号、需要先在几项刺激信号中作出选择再响应的选择性信号,以及需要先分析判断再响应的分析判断性信号,信号越复杂,对练习者反应速度的要求就越高。同样,所练习动作的难度越大,练习者的熟练程度越低,反应速度就越慢。

2. 动作速度

动作速度是指人体快速完成单个动作或复合动作的能力。动作速度可以用时间的长短来评价,如跳高时的起跳速度、铅球的出手速度、跨栏时跨越单个栏架的速度等,也可以用单位时间内的完成次数或频次来评价,如体能训练中1分钟跳绳的个数、拳击训练中3分钟击打梨球的次数等。影响动作速度的因素主要包括爆发力、速度耐力、身体协调性和动作熟练程度。

3. 移动速度

移动速度是指人在单位时间内快速移动的能力。在运动训练中,不同项目对移动速度的要求存在差异,据此可将移动速度分为加速能力、最大速度、速度耐力3个方面。加速能力用于表现速率变化的快慢。在物理学中,速率的变化可以为正(正加速,即速率增加,速度变快),也可以为负(负加速,即速率降低,速度变慢)。但在体育领域,加速一般指正加速,即克服原有惯性、增加速率并逐渐接近最大速度的能力。最大速度是指人体在极限冲刺状态下可以达到的最快速度。它实际上是爆发力、柔韧性、协调能力等方面综合素质的体现。速度耐力是指人体以最大速度或接近最大速度通过较长距离的能力。

三、影响速度素质的主要因素

1. 反应时

反应时是指人接受信号刺激后，从神经感知到身体开始响应之间的时间。人从接受信号刺激到做出响应的完整流程如下：

信号刺激（光、声、触觉等）—唤起兴奋—传入神经—中枢神经—大脑分析处理—传出神经—运动系统响应。

在这个全过程中，每个阶段都可能或多或少产生延迟。因为身体响应前的感知阶段基本属于神经处理阶段，所以不同类型、不同复杂程度的刺激信号会使反应时长不同。有些信号是直接的或具有预知性的，人体接受信号刺激后可以直接做出响应动作；而有些信号是多重的或复杂的，人体接受信号刺激后需要进行选择或分析判断才能做出响应。

2. 肌纤维的类型

肌纤维大致可以分为两种类型：快肌纤维（白肌纤维）和慢肌纤维（红肌纤维）。快肌纤维主要靠糖酵解供能，无氧代谢能力强，供能效率高，且其三磷酸腺苷和磷酸肌酸含量较高，利于肌纤维快速收缩。人体的肌纤维数量及快肌纤维与慢肌纤维的比例受遗传因素的影响，快肌纤维百分比较大的个体通常具有较强的速度能力。

3. 磷酸原系统（ATP-CP）的储备及再合成速度

磷酸原系统是最先参与供能的系统，在高强度运动中，三磷酸腺苷与磷酸肌酸先被消耗殆尽，之后肌糖原才会参与代谢，所以磷酸原系统的储备量是速度训练和良好运动表现的基础，而其再合成速度则是良好运动表现得以延续的保障。

4. 神经系统的活跃度和注意力专注程度

从反应时对速度的影响可以看出，人体从接受信号刺激到做出身体响应的过程中，神经系统参与传导、分析、判断、支配，起主导作用，所以神经系统的兴奋、活跃程度会影响速度素质训练的效果与竞赛表现。另外，注意力专注程度也是达到最快速度的重要保障。

5. 力量素质

力量素质是速度素质的基础，也是良好运动表现的根本保障。具备优秀的力量素质与强大的爆发力，可以让肌肉在完成快速收缩时保证力量的输出功率；具备出色的力量耐力有助于维持较长时间的高强度重复动作及良好的运动表现。因此，力量素质的发展水平制约并决定了速度素质的发展水平。

第二节　速度素质训练的方法

一、发展反应速度

反应速度的快慢取决于神经受到信号刺激后的处理速率，以及在快速神经处理下稳定完成动作的能力。因此，发展反应速度的重点在于：提升练习者的感知能力，使其更敏锐地捕捉信号;加快响应速度,缩短神经信号传导时间;增强在快速神经处理过程中对身体的控制能力,保障动作完成的稳定性和精确性。感知能力与响应速度可以通过多种信号刺激训练来提高,例如,通过快速伸缩复合训练来提高。训练中刺激信号可以是单一的,也可以是复合的;可以是直接的,也可以是间接的。发展反应速度的训练应该是循序渐进的。在训练初期,练习者进行较简单信号的刺激训练,会获得更好的训练感受与效果,而在训练后期,随着练习者能力的提升,应对训练计划中的练习项目进行调整,增加难度,如采用间接信号或复合信号进行刺激、提高训练动作的强度等。

二、发展动作速度(灵敏素质)

发展动作速度(灵敏素质)的训练的重点在于培养练习者的身体协调性,以及在高频率、快速的动作中控制身体、保持最佳姿势的能力。灵敏素质涉及多种复杂的因素,如急停、急起、变向、再加速,以及在复杂情况下身体保持稳定状态的能力等。因此,在制定训练方案时,需注意训练的全面性,兼顾爆发力、加速能力、减速缓冲能力、身体协调性、身体稳定能力的训练等。

三、发展移动速度

移动速度是爆发力、柔韧性、协调性、速度耐力等多方面运动素质的综合表现,所以移动速度的训练方案实际上是一个涉及以上各项素质的综合训练计划。通常来讲,发展移动速度的训练强度都比较大,所以练习者在练习时,要保持高度的专注力与兴奋,以及充沛的体能。反之,当身体疲劳时,神经兴奋度和肌肉收缩控制能力都会下降,此时应避免进行高强度训练,以减小受伤的风险。

第三节 速度素质训练的技术动作

发展反应速度、动作速度和移动速度的训练主要包括徒手练习、器械练习和组合练习3类。

一、发展反应速度的技术动作

(一)视觉信号刺激练习组合

1. 抛球单拳击球练习

(1)动作方法

在准备阶段,辅助者与练习者面对面站立,练习者保持低重心,膝关节微屈,屈肘,双手握拳置于胸前,双脚原地进行颠跳。

开始练习时,辅助者采用下手抛球方式向练习者抛出网球,抛球高度在练习者躯干高度范围内。练习者根据来球方向及高度,迅速做出判断,调整身体姿态,选择合适的手将球击回,之后迅速回到起始位置,恢复起始姿势,往复练习。辅助者抛球的频率可根据练习者完成动作的熟练程度进行调整。

图 6-1 所示为抛球单拳击球示范。

(2) 注意事项

练习者应始终保持双脚处于活动状态(颠跳或调整步伐),切忌站定不动;在整个练习过程中,练习者需要保持足跟微微提起,保证一直使用前脚掌完成练习;练习者需要始终保持兴奋且专注的状态,积极响应并击球。

2. 身后来球接球练习

(1) 动作方法

在准备阶段,辅助者站在练习者正后方,练习者保持低重心,膝关节微屈,双脚原地颠跳,大臂微微打开,双手放在身体两侧。

开始练习时,辅助者向练习者身前抛球,抛球的方向要无规律。练习者在练习时,目视前方,不可以转头,当用余光发现来球时,迅速做出判断,上步单手抓球,抓住后掷向侧方,之后迅速回到起始位置,恢复起始姿势。辅助者抛球的频率可根据练习者完成动作的熟练程度进行调整。

图 6-2 所示为身后来球接球示范。

图 6-1　抛球单拳击球示范　　　　图 6-2　身后来球接球示范

(2) 注意事项

辅助者抛球时,抛球高度不要太高,刚刚过肩即可,抛球的范围为练习者上一步可接到球的范围;练习者始终保持双脚处于活动状态(颠跳或调整步伐),切忌站定不动;在整个练习过程中,练习者需要保持足跟微微提起,保证一直使用前脚掌完成练习;练习者需要始终保持兴奋且专注的状态,积极响应并接球。

(二) 听觉信号刺激练习组合

1. 原地碎步四向(八向)转换练习

(1) 动作方法

在准备阶段,辅助者站在一侧发口令,练习者站在由标志点摆成的正方形区域内,正方形的边长为练习者肩宽的1.5倍。同时,练习者保持低重心,膝关节微屈,保持原地快速小碎步状态,大臂微微打开,双手放在身体两侧(图6-3)。

开始练习时,辅助者连续发出两个方向口令,方向口令随机。进行四向练习时,口令包括前、后、左、右;进行八向练习时,口令包括前、后、左、右、左前、左后、右前、右后。例如,方向口令为左左,练习者听到口令后迅速按照口令顺序,保持小碎步状态,左转,左转。动作完成后,辅助者继续发出口令,往复练习。

图6-3所示为原地碎步四向(八向)转换示范。

图6-3　原地碎步四向(八向)转换示范

(2) 注意事项

练习者应保持膝关节微屈、低重心状态,且脚下始终保持快速小碎步状态,听到口令并迅速转向后,马上恢复小碎步状态;在整个过程中,练习者应保持用前脚掌着地,足跟始终不落地。

2. 听口令做动作练习

(1) 动作方法

在准备阶段,辅助者站在一侧发口令,练习者原地站立,双臂放在身体两侧。

开始练习时,先预设练习内容包含的动作,例如,练习包括4个动作:跳、摸地、躺下、趴下。辅助者发出口令,练习者听到口令后迅速做对应动作,做完后迅速起立,恢复起始姿势,往复练习。待练习者熟练后,可加大难度,对动作进行编号,例如,1代表跳,2代表摸地,3代表躺下,4代表趴下,辅助者发出口令时,直接报编号,练习者根据编号进行动作关联,并迅速完成该动作,往复练习。

图6-4所示为听口令做动作示范。

(2) 注意事项

练习者应保持膝关节微屈、低重心状态,同时保持兴奋、专注状态,听到口令后,积极响应,动作迅速。

图 6-4　听口令做动作示范

二、发展动作速度的技术动作

（一）抗阻练习组合

1. 抗阻提膝摆腿

（1）动作方法

弹力带一头固定于牢固处，或者由辅助者拉住，做低点（靠近地面）固定，另一头绑在练习者脚踝处。开始练习前，先将弹力带根据练习者的情况适当拉长，使其产生一定的张力。开始练习时，练习者做单侧（阻力一侧）提膝摆腿动作，同时摆动双臂，收紧小腹，挺直后背，要求动作稳定，频率高。

图 6-5 所示为抗阻提膝摆腿示范。

（2）注意事项

练习时，需要保持核心收紧状态，摆臂幅度与摆腿幅度要协调，腿向前摆起后，稍停顿再回落，回落时，保持肌肉控制状态，不要过度放松泄力。

图 6-5　抗阻提膝摆腿示范

2. 抗阻侧滑步

(1) 动作方法

弹力带一头固定于牢固处,或由辅助者拉住,做中段(练习者腹部高度)固定,另一头绑在练习者腹部。开始练习前,先将弹力带根据练习者的情况适当拉长,使其产生一定的张力。开始练习时,练习者先向远离辅助者方向侧滑步移动两步,再迅速返回起点,返回起点时同样采取侧滑步方式,练习者始终收紧小腹,挺直后背,要求动作稳定,频率高。

图 6-6 所示为抗阻侧滑步示范。

图 6-6　抗阻侧滑步示范

(2) 注意事项

练习者始终保持核心收紧状态,腹背紧绷,防止躯干晃动;侧滑步时,腿部侧向蹬摆动作应积极、有力,两次滑步之间连接迅速。

(二) 标志物及信号刺激练习组合

1. 抛球跨栏接球

(1) 动作方法

练习开始前,练习者一手持网球,同时保持低重心,膝关节微屈,原地站在小栏架一侧(只用一个栏架)。练习开始时,练习者用力将网球垂直掷向地面,随后迅速横向跨过小栏架,再迅速跨回,并接住球(图6-7)。

图6-7所示为抛球跨栏接球示范。

图6-7　抛球跨栏接球示范

(2)注意事项

练习者进行练习时,足跟提起,始终不落地,用前脚掌进行练习;掷出球后,迅速响应,做动作时,核心收紧,保持动作的稳定性和高频率。

2. 抛球接球跨栏

(1)动作方法

练习开始前,练习者用离栏架较远一侧的手持网球,同时保持低重心,膝关节微屈,原地站在小栏架一侧(可根据个人能力,摆放2~3个小栏架,小栏架之间的距离为50厘米)。练习开始后,练习者持球一侧手臂侧平举,同时松手让球做自由落体,球落地弹起瞬间,迅速用另一只手接住球,随后使用快速侧向高抬腿动作,依次跨过小栏架,往复练习。

图6-8所示为抛球接球跨栏示范。

图6-8　抛球接球跨栏示范

(2)注意事项

练习时,练习者始终保持核心收紧状态,维持动作的稳定性,在接到信号刺激后,迅速做出响应,同时保证动作频率;练习者应将足跟提起,用前脚掌进行练习。

(三) 踏板练习组合

1. 单侧单脚上下步(4步)

(1) 动作方法

双脚起始位置均在踏板下,练习时,双脚均做踏步动作,要求步幅小、频率高。以左脚为起始脚为例,左脚侧踏步上板,右脚向前踏步一次,左脚踏步下板,右脚向前踏步一次,往复进行。

图6-9所示为单侧单脚上下步(4步)示范。

图6-9 单侧单脚上下步(4步)示范

(2) 注意事项

练习时,动作衔接要迅速,保证高动作频率,动作幅度不宜过大;练习者应将足跟提起,用前脚掌完成练习。

2. 双侧双脚上下步(4步)

(1) 动作方法

双脚起始位置均在踏板下,练习时,双脚均做踏步动作,要求步幅小、频率高。以左脚为起始脚为例,左脚向左前方踏步上板,右脚向左前方踏步上板,左脚向左前方踏步下板,右脚向左前方踏步下板。接着往踏板的对侧做,往复进行。

图6-10所示为双侧双脚上下步(4步)示范。

图6-10 双侧双脚上下步(4步)示范

(2) 注意事项

练习时,动作衔接要迅速,保证高动作频率,动作幅度不宜过大;练习者应将足跟提起,用前脚掌完成练习。

3. 1-2-3 交换跳

(1) 动作方法

在准备阶段,一只脚踏在板上,另一只脚踏在板下。练习时,要求动作幅度小、频率高。以左脚在踏板上为例,左脚发力蹬踏板,腾空瞬间左右脚交换位置,右脚上踏板,左脚下踏板。练习开始时,完成 1 次交换跳,停顿 1 秒,连续完成 2 次交换跳,停顿 1 秒,连续完成 3 次交换跳,往复进行。

图 6-11 所示为 1-2-3 交换跳示范。

图 6-11　1-2-3 交换跳示范

(2) 注意事项

练习时,摆臂幅度与摆腿幅度要协调,动作衔接要迅速,保证高动作频率,动作幅度不宜过大;练习者应将足跟提起,用前脚掌完成练习。

三、发展移动速度的技术动作

(一) 50 米起跑接途中跑练习组合

1. 俯卧手撑地起跑

(1) 动作方法

在练习开始前,练习者俯身趴在地上,双手、躯干、大腿、脚尖均接触地面。当听到起跑口令时,迅速双手撑地起身,同时提拉一侧腿于身体前侧做支撑,后侧腿蹬地完成起跑,起跑后过渡至途中跑阶段,完成 50 米距离跑。

图 6-12 所示为俯卧手撑地起跑示范。

图 6-12 俯卧手撑地起跑示范

(2) 注意事项

起跑后的前几步,为了保持平衡和迅速提高步频,腿向后只完成蹬伸动作,不向上折叠小腿;起跑后,切忌躯干抬起速度过快,应慢慢抬起,以免影响向前的速度;待躯干完全抬起后,进入途中跑阶段,加大摆臂幅度,以加大步幅。完成 50 米距离跑后,顺势减速,切忌急停。

2. 站姿前倾起跑

(1) 动作方法

练习开始前,练习者两脚前后开立,两脚间距 50 厘米左右,双臂肘关节微屈,且根据左右脚前后顺序,一前一后固定做起跑摆臂准备。练习开始时,练习者身体整体向前倒,将重心向前送出,在即将站不住的瞬间,后侧腿快速蹬地,同时摆臂,完成起跑。

图 6-13 所示为站姿前倾起跑示范。

图 6-13 站姿前倾起跑示范

(2) 注意事项

在前倾阶段,练习者需要固定髋关节角度,不要进一步屈髋,即出现撅屁股的动作,要让髋关节超过起跑线的位置;在起跑后的前几步中,为了保持平衡和迅速提高步频,腿向后只完成蹬伸动作,不向上折叠小腿;起跑后,切忌躯干抬起速度过快,应慢慢抬起,以免影响向前的速度;待躯干完全抬起后,进入途中跑阶段,加大摆臂幅度,以加大步幅。完成 50 米距离跑后,顺势减速,切忌急停。

3. 前抛实心球起跑

（1）动作方法

练习开始前,练习者两脚左右开立,双手持实心球。练习开始时,练习者屈膝,同时双臂下摆做预摆,双臂下摆到最低点后双脚迅速蹬地,展髋,双臂伴随前摆将球抛出,随即完成起跑。起跑后的前几步,为了保持平衡和迅速提高步频,腿向后只完成蹬伸动作,不折叠小腿,躯干慢慢抬起,切忌抬起速度过快,待躯干完全抬起后,进入途中跑阶段,加大摆臂幅度,以加大步幅。完成 50 米距离跑后,顺势减速,切忌急停。

图 6-14 所示为前抛实心球起跑示范。

图 6-14　前抛实心球起跑示范

（2）注意事项

在前抛实心球阶段,需要注意,蹬地角度不宜过大,应该接近站立式起跑时的蹬地角度;前抛实心球时,髋关节完全伸展后,一侧腿迅速屈膝,大腿积极前摆,两个动作衔接要迅速;在起跑后的前几步中,为了保持平衡和迅速提高步频,腿向后只完成蹬伸动作,不向上折叠小腿;起跑后,切忌躯干抬起速度过快,应慢慢抬起,以免影响向前的速度;待躯干完全抬起后,进入途中跑阶段,加大摆臂幅度,以加大步幅。完成50米距离跑后,顺势减速,切忌急停。

(二) 10 米多形式折返跑练习

1. 10 米折返跑

(1) 动作方法

听到口令后,迅速起跑,保证步频,在临近折返点时,预判距离,加大折返前一步的步幅,并降低重心,同时转身,调整蹬地方向;完成折返后,迅速提高步频。

图 6-15 所示为 10 米折返跑示范。

图 6-15　10 米折返跑示范

(2) 注意事项

练习时,练习者应采用前脚掌跑步姿势,摆腿迅速,扒地有力,后蹬充分,保证全力冲刺跑;准备折返时,应提前判断距离,适当加大折返前一步的步幅,同时降低重心,折返蹬转动作积极、迅速、有力。

2. 10 米正向接反向冲刺跑

(1) 动作方法

听到口令后,迅速起跑,保证步频,在临近折返点时,预判距离,同时适当加大步幅,降低步频,到达折返点时,保持躯干朝向不变,后退跑跑回起点,折返后要求蹬地充分且速度快。

图 6-16 所示为 10 米正向接反向冲刺跑示范。

图 6-16　10 米正向接反向冲刺跑示范

（2）注意事项

正向跑与反向跑均应采用前脚掌跑步姿势，足跟不落地；反向跑时，可微微侧转头，观察身体斜后方，以防止摔倒；折返时，预判距离，适当加大折返前一步的步幅；反向跑时，蹬地要充分、有力，后摆腿要迅速。

3. 10 米并步折返跑

（1）动作方法

练习者侧对前进方向，假设左侧为前进方向，则首先左脚向左平移一步，然后右脚向左做跟步，往复进行，到折返点时，不改变躯干朝向，将右侧改为前进方向，并步回到起点，要求侧蹬时蹬地充分且快速。

图 6-17 所示为 10 米并步折返跑示范。

图 6-17　10 米并步折返跑示范

（2）注意事项

练习者并步前进时，需要收紧核心，保持腹背绷紧状态，避免躯干晃动，同时腿部侧向蹬摆动作应积极、有力，两次滑步之间连接要迅速。

思 考 题

1. 简述速度素质的概念和分类。
2. 影响速度素质的主要因素有哪些？
3. 举例说明发展移动速度的训练方法。

第七章 耐力素质训练的理论和方法

第一节 耐力素质概述

一、耐力素质的概念

耐力素质是指人体长时间进行肌肉活动的能力,也可以看作抵抗疲劳的能力,是人体最基本的运动素质之一。

最大摄氧量(VO_{2max})是指人体在进行有大量肌肉群参与的长时间剧烈运动中,当心肺功能和肌肉利用氧的能力达到人体极限水平时,单位时间(通常为每分钟)内所能摄取的氧量。最大摄氧量是反映人体有氧运动能力的重要指标,高水平的最大摄氧量是高水平有氧运动能力的基础。

二、耐力素质的分类

根据不同的标准,耐力素质可分为多种类型。按活动持续时间,耐力素质可分为短时间耐力、中等时间耐力和长时间耐力 3 类;按氧代谢特征,耐力素质可分为有氧耐力和无氧耐力两类;按耐力素质与运动项目的关系,其可分为一般耐力和专项耐力两类;按募集肌肉数量,耐力素质可分为局部耐力和全身耐力两类;按肌肉的工作性质,耐力素质可分为静力性耐力和动力性耐力两类;按表现形式和用力特征,耐力素质可分为心血管耐力、肌肉耐力和速度耐力等类别。其中,有氧耐力和无氧耐力、一般耐力和专项耐力这两种分类最具代表性。

(一)根据氧代谢特征分类

1. 有氧耐力

有氧耐力是指人体长时间进行以有氧代谢供能为主的运动能力,也称为心肺耐力。有氧训练是指发展有氧耐力的训练。有氧耐力取决于最大摄氧量,而最大摄氧量则取决于肺换气量、心输出量、毛细血管密度以及肌肉代谢能力。有氧训练的目的是提高人体输送氧气的能力,促进新陈代谢,提升运动表现。

2. 无氧耐力

无氧耐力是指人体在氧供应不足的情况下较长时间进行肌肉活动的能力。发展无氧耐力的训练称为无氧训练。无氧耐力的生理学基础是肌肉内无氧糖酵解供能、乳酸的消除以及脑细胞对血液酸碱度变化的耐受力。

（二）根据耐力素质与运动项目的关系分类

1. 一般耐力

一般耐力是指人体各器官、系统机能克服疲劳的综合能力，它是专项耐力的基础。研究认为，一般耐力是一种多肌群、多系统长时间工作的能力。良好的一般耐力有助于人体完成大负荷训练和比赛，克服疲劳，并在训练和比赛后更快地恢复。

2. 专项耐力

专项耐力是指人体为了获取最佳专项运动表现，最大限度地动员机体能力，克服疲劳的能力。运动项目或项群不同，专项耐力的表现也不同。例如：短跑的专项耐力主要指较长时间保持高速奔跑的能力；举重运动的专项耐力主要指力量耐力；球类项目的专项耐力主要指运动员在较长时间的专项训练和比赛中克服疲劳的能力。

第二节 耐力素质训练的方法

一、发展有氧耐力的训练方法

有氧耐力的发展水平与3个方面的因素有关，即能源物质的储存量、有氧代谢能力，以及肌肉、关节、韧带等支撑运动器官的能力。因此，保持体内适宜的能源物质（糖原、脂肪等）的储存量，提高人体的摄氧、输氧及用氧能力，以及提高肌肉、关节、韧带等支撑运动器官对长时间负荷的承受能力，是发展有氧耐力的基本途径。

目前，广泛采用的发展有氧耐力的训练方法包括持续负荷法、间断负荷法、高原训练法等几种。

（一）持续负荷法

持续负荷法是发展有氧耐力的主要训练方法，其特点是负荷量大且没有间歇，其主要作用是提高有氧耐力水平。根据训练速度的不同，持续负荷法分为匀速训练法和变速训练法（即法特莱克训练法）两种。大多数需要有氧耐力的项目（如中长跑、马拉松跑、速度滑冰、游泳、赛艇等）的训练都可以采用持续负荷法。

（二）间断负荷法

间断负荷法分为间歇训练法和重复训练法两种。

1. 间歇训练法

间歇训练法采用高、中、低不同强度，并将训练分成若干组，在各组训练之间安排适当的间歇时间，使身体得到一定的恢复。练习间歇时间根据练习强度和心率确定。以径赛项目为例，短距离间歇训练持续练习时间为15～90秒，主要发展无氧耐力；中距离间歇训练持续练习时间为90秒～8分钟，可同时发展有氧耐力和无氧耐力；长距离间歇训练持续练习时间为8～15分钟，主要发展有氧耐力。

影响间歇训练法效果的因素主要有练习强度、负荷数量、持续时间、间歇时间、休息方式、练习组合等。

2. 重复训练法

重复训练法是指在不改变动作结构和运动负荷的情况下,按照一定要求进行反复练习的方法。各组练习之间留有充足的间歇时间,每次练习应在身体完全恢复后再重复进行。重复训练法主要用于提高人体的速度素质。

(三) 高原训练法

高原训练法是指利用高原地带空气中氧气含量较少的自然环境,发展有氧耐力、无氧耐力和力量耐力的方法。高原训练法能够显著提升心血管系统和呼吸系统的功能,促进红细胞和血色素增加,增强肌细胞的新陈代谢能力和机体的无氧功能,提高人体对高乳酸的耐受力。

研究认为,海拔为1 800~2 500米是高原训练的有效高度,而海拔为2 300米左右是高原训练的理想高度。

二、发展无氧耐力的训练方法

无氧耐力的发展水平主要取决于3个因素：一是无氧代谢能力,它是决定无氧耐力的重要因素；二是能源物质(ATP、CP、糖原)的储存量；三是肌肉、关节、韧带等支撑运动器官对长时间、高强度工作的承受能力。

根据供能机制的不同,在训练实践中,无氧耐力通常被分为乳酸供能无氧耐力和非乳酸供能无氧耐力两类。乳酸供能无氧耐力的供能机制是糖酵解,非乳酸供能无氧耐力的供能机制与三磷酸腺苷、磷酸肌酸的无氧分解有关。

发展乳酸供能无氧耐力主要采用间歇训练法和重复训练法；发展非乳酸供能无氧耐力的主要训练方法是间歇训练法。高原训练法对发展非乳酸供能无氧耐力有一定效果。

第三节 耐力素质训练的技术动作

一、徒手训练

1. 快走

快走是一种常见的有氧运动,其特点是方便、安全、灵活,操作简便,适合任何年龄段的人。快走可采用定时或固定距离的练习方法,练习时间应不少于30分钟,强度以身体微微发汗为宜。快走可以提高人体肌肉的氧化能力和抗乳酸能力,有利于提升一般耐力和有氧耐力水平。

2. 跑步

跑步是一种常见的耐力训练方法,根据不同的健康状况和体能状态,练习者可以采用适宜的练习方法来提升有氧耐力和无氧耐力水平。

对于一般练习者,跑步应从慢跑开始,可以选择固定时间跑、反复跑或变速跑等练习方法来提升机体的有氧耐力水平,并逐渐过渡到快跑或持续快跑。强度为85%~95%的定时跑有利于发展无氧耐力,强度为85%以下的跑步则可发展有氧耐力。

有一定经验的练习者或学生也可以采用固定时间跑、反复跑等练习方法。同时,还可以通过变速跑、间歇跑或法特莱克跑的方式提升运动表现。跑步距离、重复次数应根据个人情况及专项需要确定。短距离、大强度的变速跑可发展速度耐力,而长距离跑则可发展专项耐力。

不同运动场景的跑步练习对耐力水平和运动表现的影响不同。一般来说,在田径场、公园等平缓路段跑步,有助于提升动作稳定性;而上坡跑、台阶跑或越野跑等练习形式则更注重下肢力量耐力的提升。

3. 游泳

练习时,可采用任意泳姿,进行定时、固定距离或变速游泳。在变速游泳时,每组距离为100～200米,间歇时间为5～10分钟,练习4～6组。慢速段的强度应保持在70%左右,快速段的强度应为80%～90%。这种练习方式主要发展一般耐力和专项耐力。

4. 立卧撑

首先由直立姿势开始,屈膝屈髋下蹲,两侧手臂伸直撑地,双脚向后跳,身体呈平板支撑状态,然后收腿跳成蹲撑姿势,最后还原成直立姿势。练习4～6组,每组持续1分钟,间歇时间为3～5分钟。要求动作规范,在平板支撑状态下,使臀部不要下降,也不要塌腰,必须完全站起来并恢复直立姿势后才算完成一次动作,可进行计数。

二、器械练习

1. 跳绳

跳绳是一项极佳的健体运动,能有效训练个人的反应能力和耐力,有助于保持良好的体能。练习时可以固定时间或次数,采用单摇双脚跳等不同形式完成练习,也可以在跑道上做两臂正摇跳绳跑。中、低强度的跳绳练习属于有氧运动,而高强度的跳绳会使无氧供能的比例提升。

2. 骑自行车

练习时,可以在公路上以较高速度进行不间断骑行练习,持续时间不少于1小时,也可以分组练习,每组时间为30分钟,间歇时间为5～10分钟,连续练习2～4组。练习过程中,应控制心率不低于160次/分钟,待心率恢复到120次/分钟以下时再进行下一组练习。

3. 自由器械练习

可利用杠铃、哑铃、壶铃等自由器械,按照一定的组数进行肌肉耐力练习。练习方法和动作参考力量素质训练的方法和动作。

思 考 题

1. 简述耐力素质的概念和分类。
2. 简述耐力素质训练的方法。

第八章　柔韧素质训练的理论和方法

第一节　柔韧素质概述

一、柔韧素质的概念

柔韧素质(也叫柔韧性)是指人体关节活动幅度的大小,以及跨过关节的韧带、肌腱、肌肉、皮肤及其他组织的弹性和伸展能力。柔韧素质通过关节的活动幅度表现出来。关节的活动幅度主要取决于关节本身的结构,以及跨过关节的肌肉、肌腱、韧带等软组织的伸展性。

二、柔韧素质的分类

从柔韧素质外部运动状态的表现来看,其可分为动力性柔韧素质和静力性柔韧素质。动力性柔韧素质是指人体各个关节在完成技术动作时,能够拉伸到最大限度的能力。通常,我们所说的练习者完成动作的幅度大小指的就是动力性柔韧素质。静力性柔韧素质是指人体在静力状态下,拉伸关节所能达到的角度,如肩关节柔韧性、髋关节柔韧性、脊柱柔韧性等。静力性柔韧素质是动力性柔韧素质的基础。但静力性柔韧素质强,不代表动力性柔韧素质一定强。

从完成柔韧性练习的表现来看,柔韧素质可分为主动柔韧性和被动柔韧性。主动柔韧性是人在主动运动中表现出来的柔韧素质水平。被动柔韧性则是在外力协助下完成或在外力作用(如教师协助学生做压腿练习)下表现出来的柔韧素质水平。主动柔性不仅反映了对抗肌的可伸展程度,还反映了主动肌的收缩力量。一般来说,主动柔韧性比被动柔韧性要差,这种差距越小,说明柔韧素质的发展水平越均衡。

从柔韧素质在身体不同部位的表现来看,其可分为上肢柔韧性、下肢柔韧性、腰部柔韧性、肩部柔韧性等。

三、影响柔韧素质的主要因素

人体解剖和训练因素是影响柔韧素质的两个关键因素。其中,有些因素(如关节结构、年龄、性别等)是不能通过训练来改变的。因此,在安排柔韧素质训练时,要充分考虑影响练习者的各方面因素。

(一)关节结构

关节结构决定其活动范围。球窝关节(如髋、肩关节等)在所有关节中活动范围最大,可以在任何解剖平面内活动。手腕关节是椭圆关节(卵形关节头,椭圆形关节窝),其活动范围比髋关节、肩关节都小,只能在矢状面、额状面内活动。膝关节的活动范围最小。

(二) 结缔组织

肌腱、韧带、筋膜、关节囊、皮肤都可能限制关节的活动范围。结缔组织的弹性(被动拉长后回到原来长度的能力)和牵张性(被动拉长的能力)也会影响关节的活动范围。通过拉伸练习可以有效提高结缔组织的牵张性。

(三) 肌肉体积

肌肉体积增大可能会限制关节的活动,从而影响关节的活动范围。例如,肱二头肌和三角肌发达的举重运动员在完成高翻支撑或持杠铃前蹲时可能会出现三头肌不能充分拉伸的现象。一般来说,肌肉体积增大带来的好处往往大于它对关节活动范围造成的不利影响。

(四) 年龄和性别

一般来说年轻者较年长者的柔韧素质好,女子较男子的柔韧素质好。年轻男性和年轻女性之间的柔韧素质差异是由于解剖结构的不同以及所从事的活动不同造成的。

第二节 柔韧素质训练的方法及基本要求

拉伸练习是提高柔韧素质的主要方法。

按照拉伸的方式,拉伸练习可分为动力性拉伸练习与静力性拉伸练习两种类型。拉伸练习需要练习者使身体的关节活动到活动范围受阻的地方,在这个受阻的地方施加一定的力来完成。在运动实践中,不同的运动项目常选择不同的拉伸练习方式。例如:田径项目要求学生的四肢活动具有弹性和节奏,因此常采用动力性拉伸练习;而体操、吊环等表现性项目则常采用静力性拉伸练习。

一、静力性拉伸练习

静力性拉伸练习是指在一定时间内,缓慢地将肌肉、肌腱、筋膜和韧带等拉伸到一定活动范围的伸展活动。其主要特征是动作缓慢并要停留一定时间。静力性拉伸练习可减少或消除因超出关节伸展能力而导致的危险性,防止拉伤。

静力性拉伸练习有两种形式,即主动性拉伸练习和被动性拉伸练习。主动性拉伸练习要求练习者始终依靠自身力量完成练习,并保持15~20秒。被动性拉伸练习是指练习者在开始时自己练习,在练习的最后阶段借助外力完成练习。

在进行拉伸练习时,要顺应身体状况。在练习过程中,练习者会有肌肉的被牵拉感,但不应有疼痛感或不适感。如果感到疼痛,应立刻停止练习。

二、动力性拉伸练习

动力性拉伸练习是指有节奏、速度较快、幅度逐渐加大、多次重复一个动作的拉伸练习。

在运用该方法时,用力不宜过猛,幅度一定要由小到大,先做几次小幅度的预备拉伸,再逐渐加大幅度,以避免拉伤。动力性拉伸练习由一整套大幅度动作组成,比静力性拉伸练习强度要大,所以其一般放在静力性拉伸练习之后,可用于训练或比赛前的准备。动力性拉伸练习能够刺激某些特殊关节神经系统的活动,这些活动能使肌肉和关节为接下来的剧烈运动做好热身准备。

动力性拉伸练习有助于保持练习者关节运动的幅度,但不能改善肌纤维的长度。事实上,动力性拉伸练习引起的是肌肉牵张反射,肌纤维被暂时拉长。如果过度牵拉肌纤维,就会导致肌纤维受损,进而造成肌肉弹性丧失。在安排动力性拉伸练习时,教师必须清楚练习的潜在危险。

三、被动性拉伸练习

在被动性拉伸练习中,练习的最后阶段需要借助外力完成。在练习过程中,当感到疼痛时,要立刻停止施加外力。被动性拉伸练习强调练习者在练习中要尽量放松被拉伸的肌肉群,即对抗肌肉群。在被动性拉伸练习中,辅助者与练习者之间应密切合作。辅助者应辅助练习者进行练习,以防止伤害事故的发生。被动性拉伸练习通常由一名同伴或一名教练辅助练习者来完成。辅助者一定要掌握必要的技巧,以保证练习者的安全。被动性拉伸练习对于扩大关节活动范围特别有效。

在进行被动性拉伸练习时,要注意以下几点。
① 练习者应该缓慢而有控制地完成练习。
② 被动性拉伸练习应给予肌肉微微拉紧的感觉,并非疼痛感。
③ 练习者应感到所做的被动性拉伸练习恰到好处,而非多多益善。
④ 练习者和辅助者应及时交流,确保被动性拉伸练习的安全。

四、不同拉伸练习的优缺点

每种拉伸练习都有自己的优缺点。静力性拉伸练习相对于动力性拉伸练习有以下 3 个优点:静力性拉伸练习很少超出组织的拉伸范围;静力性拉伸练习需要的能量较少;动力性拉伸练习会造成肌肉疼痛,而静力性拉伸练习则不会出现类似反应,且适当程度的静力性拉伸练习还有缓解疼痛的作用。

五、柔韧素质训练的基本要求

(一) 要将发展柔韧素质与力量素质相结合

将发展柔韧素质与力量素质相结合,不仅可以避免或消除两者之间的不良影响,而且有助于两种素质的协调发展。柔韧素质训练后要注意进行放松练习,以使肌肉柔而不软,韧而不僵。

(二) 要注意柔韧性与温度和时间的关系

外界温度过高或过低会影响肌肉的状态,进而影响肌肉的伸展能力。当外界温度在 18 ℃时,肌肉的柔韧素质表现最佳。在一天之内,早晨肌肉的柔韧素质通常较差,而在 10:00 至 18:00

之间，肌肉的柔韧素质表现较好。

（三）柔韧素质的发展应以满足专项技术的需要为标准

柔韧素质训练应贯穿全年训练的任何一个时期。在专门扩大关节活动幅度的阶段，应该每天都安排发展柔韧素质的练习；在柔韧素质保持阶段，每周可安排 3~4 次练习，训练量也可适当减少。

（四）拉伸练习前要做好准备活动

如果拉伸练习前的准备活动不充分，则容易导致韧带受伤。因此，在开始拉伸练习前，要进行短时间的放松慢跑，以增加拉伸肌肉群的血流量。

（五）要注意拉伸顺序

拉伸时，首先拉伸大的肌肉群，这样可以使相对较小的肌肉群发挥更大的灵活性。静力性拉伸练习通常从中心部位开始，即先拉伸背部、臀部和大腿后肌群。

（六）要放松身心

进行拉伸练习时，不要屏气，以免导致身体紧张。

（七）要注意练习顺序

在训练中，全面的柔韧素质训练（30 分钟高质量的训练）最好安排在大负荷身体训练（多个肌肉群参与活动）结束后进行。这样做是为了消除练习者生理和心理上的不良反应，减轻肌肉酸痛，并为下次训练做好准备。

第三节　柔韧素质训练的技术动作

一、静力性拉伸技术动作

（一）颈部

1. 左右转头

图 8-1 所示为左右转头示范。其动作如下。

图 8-1　左右转头示范

① 采用站立姿势或坐位姿势,头部和颈部保持正直。
② 肌肉以次最高强度向心运动,使头部右转。
③ 肌肉以次最高强度向心运动,使头部左转。
涉及的肌肉:胸锁乳突肌等。

2. 颈部屈伸

图 8-2 所示为颈部屈伸示范。其动作如下。
① 采用站立姿势或坐位姿势,头部和颈部保持正直,下巴靠近胸部,从而使颈椎前屈。
② 如果下巴能够触及胸部,则应使触及点尽可能低。
③ 颈部后伸,使头尽可能地靠近背部。
涉及的肌肉:胸锁乳突肌、枕骨下肌、夹肌等。

图 8-2 颈部屈伸示范

(二) 肩部和胸部

1. 直臂后伸

图 8-3 所示为直臂后伸示范。其动作如下。
① 采用站立姿势,将双手放于背后。
② 掌心相对,十指交叉。
③ 肘关节伸直。
④ 缓慢抬起手臂,保持肘关节伸直。
⑤ 保持头部正直,颈部放松。
涉及的肌肉:三角肌前束、胸大肌等。

图 8-3 直臂后伸示范

2. 屈肘颈后拉伸

图 8-4 所示为屈肘颈后拉伸示范。其动作如下。

① 采用站立姿势或坐位姿势,右肩外展并屈肘。

② 右手朝下,触及左侧肩胛骨。

③ 用左手抓住右肘。

④ 用左手将右肘向左下方拉,以增大肩外展的幅度。

涉及的肌肉: 肱三头肌、背阔肌等。

图 8-4　屈肘颈后拉伸示范

(三) 上背部

1. 胸前横摆臂

图 8-5 所示为胸前横摆臂示范。其动作如下。

① 采用站立姿势或坐位姿势,右肘略微屈曲(15°~30°),右臂横跨过身体(即肩水平内收)。

② 左手抓握在右上臂的后面,抓握处刚好在肘关节上方。

③ 左手于胸前拉右臂(拉向左侧)。

涉及的肌肉: 三角肌后束、菱形肌、斜方肌中束等。

图 8-5　胸前横摆臂示范

2. 直臂伸展

图 8-6 所示为直臂伸展示范。其动作如下。

① 采用站立姿势,手臂放在躯干前面,手指交叉,掌心朝外。
② 缓慢地将双手举过头,手臂保持伸直,掌心朝上。
③ 继续将手臂、手掌向上伸。
④ 手臂、手掌在向上伸的同时,缓慢向后展。

涉及的肌肉:背阔肌等。

图 8-6　直臂伸展示范

(四) 下背部

1. 坐姿转体

图 8-7 所示为坐姿转体示范。其动作如下。
① 采用坐位姿势,下肢伸直,躯干与地面接近垂直,右脚置于左膝的左侧。
② 用左臂肘关节的后部顶住右腿膝关节的右侧,此时右腿的膝关节处于屈曲位。
③ 右手手掌放在地面上,位于髋关节后方。
④ 头部和肩关节转向右侧,同时左肘尽可能地将右膝往左侧推。眼睛尽量向后看。

涉及的肌肉:腹内斜肌、腹外斜肌、梨状肌、竖脊肌等。

图 8-7　坐姿转体示范

2. 坐姿屈腿前屈伸

图 8-8 所示为坐姿屈腿前屈伸示范。其动作如下。
① 采用坐位姿势,双膝屈曲 30°～50°,双腿完全放松。

② 膝关节朝外,但膝关节外侧不一定要触及地面。
③ 腰部前倾,手臂伸直并往前伸。
注:屈膝并且使双腿放松能够减小腘绳肌的张力,加大下背部拉伸幅度。
涉及的肌肉:竖脊肌等。

图 8-8　坐姿屈腿前屈伸示范

(五) 髋部

1. 前弓步

图 8-9 所示为前弓步示范。其动作如下。
① 采用站立姿势,左腿向前迈出一大步,左膝屈曲,使小腿与地面垂直。
② 左脚平放于地面上。
③ 保持右腿伸直。
④ 右脚与左脚的方向保持一致,右脚的脚跟不必落地。
⑤ 保持躯干直立,双手放松置于髋关节的两侧或左腿上。
⑥ 身体重心前移,髋关节水平位置整体下降。
涉及的肌肉:髂腰肌、股直肌等。

图 8-9　前弓步示范

2. 仰卧屈膝

图 8-10 所示为仰卧屈膝示范。其动作如下。

① 采用仰卧姿势,双腿伸直。

② 屈曲右侧髋关节与膝关节,使右腿靠近胸部。

③ 双手放在右腿的大腿后方,尽量将大腿拉向胸部。

涉及的肌肉:伸髋肌群(臀大肌和腘绳肌)等。

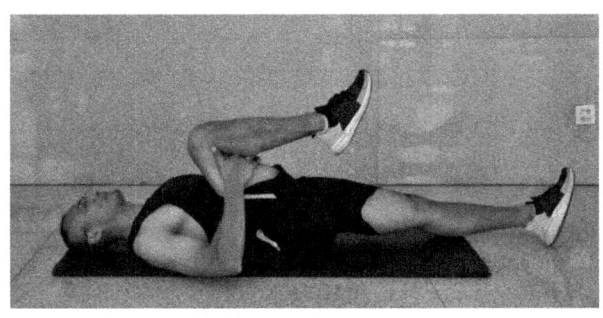

图 8-10　仰卧屈膝示范

(六) 躯干

1. 直臂侧屈

图 8-11 所示为直臂侧屈示范。其动作如下。

① 采用站立姿势,双脚与肩同宽。

② 手指交叉,掌心朝外。

③ 手臂伸直并上举至头顶。

④ 手臂保持伸直,躯干向左侧屈。膝关节不能弯曲。

涉及的肌肉:腹外斜肌、背阔肌、前锯肌等。

图 8-11　直臂侧屈示范

2. 屈臂侧屈

图 8-12 所示为屈臂侧屈示范。其动作如下。

① 采用站立姿势,双脚与肩同宽。

② 右肘屈曲,肘关节举过头顶。

③ 右手朝左肩方向尽可能地向下伸。

④ 用左手抓住右肘。

⑤ 左手在头后向左拉右肘。

⑥ 保持手臂屈曲,躯干向左侧屈。膝关节不能弯曲。

涉及的肌肉:腹外斜肌、背阔肌、前锯肌、肱三头肌等。

图 8-12　屈臂侧屈示范

(七) 大腿前部和屈髋肌群

大腿前部和屈髋肌群的拉伸主要采用侧卧股四头肌拉伸的方式。

图 8-13 所示为侧卧股四头肌拉伸示范。其动作如下。

① 采用右侧卧姿势,双腿伸直。

② 右前臂平放于地面上,上臂与地面垂直。

③ 右前臂与躯干呈 45°角。

④ 屈左腿(膝),左脚脚后跟向臀部靠近。

⑤ 用左手抓住左脚脚踝前面并将其拉向臀部。

注:拉伸时需要屈膝和伸髋。

涉及的肌肉:股四头肌、髂腰肌等。

图 8-13　侧卧股四头肌拉伸示范

(八) 大腿后部

1. 坐位体前屈

图 8-14 所示为坐位体前屈示范。其动作如下。

① 采用坐位姿势,躯干与地面接近垂直,双腿伸直。

② 屈髋以使躯干前倾,双手抓住双脚脚趾。将脚趾轻轻地拉向躯干,同时使胸部向双腿靠近。如果练习者的柔韧性不足,则可试着拉住脚踝。

涉及的肌肉:腘绳肌、竖脊肌、腓肠肌等。

图 8-14　坐位体前屈示范

2. 坐姿单腿屈膝体前屈

图 8-15 所示为坐姿单腿屈膝体前屈示范。其动作如下。

① 采用坐位姿势,躯干与地面接近垂直,双腿伸直。

② 右脚脚底正对着左腿膝关节的内侧,而右腿的外侧处于地面上。

③ 屈髋使躯干前倾,左手抓住左脚脚趾,将脚趾轻轻地拉向躯干,同时使胸部向左腿靠近。

涉及的肌肉:腓肠肌、腘绳肌、竖脊肌等。

图 8-15　坐姿单腿屈膝体前屈示范

(九) 腹股沟

1. 坐位分腿(鹰式分叉)

图 8-16 所示为坐位分腿示范。其动作如下。

① 采用坐位姿势,躯干与地面接近垂直,双腿伸直。髋外展,双腿尽可能分开。

② 双手抓住左脚脚趾,轻轻拉住脚趾,同时使胸部靠近左腿。

③ 使身体靠近两腿中间,右手抓住右脚脚趾,左手抓住左脚脚趾,使躯干靠向前方的地面。

涉及的肌肉:腓肠肌、腘绳肌、竖脊肌、髋内收肌群、缝匠肌等。

图 8-16　坐位分腿示范

2. 蝶式

图 8-17 所示为蝶式示范。其动作如下。

① 采用坐位姿势,躯干与地面接近垂直。双腿屈膝,两脚脚心相对。

② 将双脚拉向身体。

③ 双手放在脚上,双臂肘关节分别置于双腿膝关节内侧。
④ 轻轻地将躯干向前拉,同时肘关节下压,使髋关节外展。
涉及的肌肉:髋内收肌群、缝匠肌等。

图 8-17　蝶式示范

(十) 小腿后部

小腿后部的拉伸主要采用台阶拉伸的方式。

图 8-18 所示为台阶拉伸示范。其动作如下。

① 一只脚的脚趾踩在台阶或木板的边缘,台阶距地面 8~10 厘米,另一只脚平放于台阶上。
② 处于台阶边缘的那条腿伸直,脚跟高度尽可能地降低。
③ 换另一侧重复动作。

注:要想拉伸到跟腱,则需在进行此练习时屈膝 10°。

涉及的肌肉:腓肠肌、比目鱼肌、跟腱等。

图 8-18　台阶拉伸示范

二、动力性拉伸技术动作

1. 胸前横摆臂

图 8-19 所示为胸前横摆臂示范。其动作如下。

① 站直,举起双臂使之与地面平行。

② 在走过一段特定距离的同时,双臂摆向左边,此时右臂应位于胸前。右手手指指向左肩的侧方,左臂则位于身体后面。

③ 迅速做反方向运动,双臂同时摆向右侧。

④ 运动只应发生在肩关节(即保持躯干和头部朝向前方)。

⑤ 继续向左、向右交替摆臂。

涉及的肌肉:背阔肌、大圆肌、三角肌前束、三角肌后束、胸大肌等。

图 8-19　胸前横摆臂示范

2. 爬行

图 8-20 所示为爬行示范。其动作如下。

① 站直,双脚与肩同宽。

② 在膝关节微屈的同时向前弯腰,双手放在地上与肩同宽。

③ 重心向后移(即重力不要直接施加在双手上),臀部高高地悬在空中,使身体呈倒 V 字形。

④ 双手交替向前移动,就像在靠双手小步走一样,直至身体呈俯卧撑的起始姿势。

⑤ 双脚交替小步移动至双手处,同时保持膝关节微屈。

⑥ 重复这一动作向前走一段距离。

涉及的肌肉:竖脊肌、腓肠肌、臀大肌、腘绳肌、比目鱼肌、胫骨前肌等。

图 8-20 爬行示范

3. 弓步前行

图 8-21 所示为弓步前行示范。其动作如下。

① 站直,双脚平行与肩同宽。
② 左脚向前迈出一大步平放于地上,脚尖朝前。
③ 左髋和左膝缓慢屈曲,左膝位于左脚的正上方。
④ 右膝微微屈曲并缓慢下降至距地面 3~5 厘米处,右脚脚尖朝前。
⑤ 将身体重量均匀地分布在右脚大脚趾和左脚脚掌之间。
⑥ 身体"坐"在右腿上,使躯干垂直于地面。
⑦ 伸展左髋和左膝,将躯干向上推起。
⑧ 右脚离地并往前置于左脚旁,动作要流畅。
⑨ 站直,停住,右脚向前跨步使身体往前,之后双脚交替向前,重复上述动作。

涉及的肌肉:臀大肌、腘绳肌、髂腰肌、股四头肌等。

图 8-21 弓步前行示范

4. 过头侧屈弓步走

图 8-22 所示为过头侧屈弓步走示范。其动作如下。

① 站直,双脚平行与肩同宽。
② 左脚向前迈出一大步平放于地上,脚尖朝前。
③ 左髋和左膝缓慢屈曲,左膝位于左脚的正上方。
④ 右膝微微屈曲并缓慢下降至距地面 3~5 厘米处,右脚脚尖朝前。
⑤ 右手高举,躯干向左侧屈。
⑥ 恢复躯干直立的姿势,伸展左髋和左膝,将躯干向上推起。

⑦ 右脚离地并往前置于左脚旁,动作要流畅。
⑧ 站直,停住,右脚向前跨步使身体往前,之后双脚交替向前,重复上述动作。
涉及的肌肉:臀大肌、腘绳肌、髂腰肌、背阔肌、腹内斜肌、腹外斜肌、股直肌等。

图 8-22　过头侧屈弓步走示范

5. 行进间抱膝

图 8-23 所示为行进间抱膝示范。其动作如下。
① 站直,双脚平行与肩同宽。
② 左腿向前跨步,右髋和右膝屈曲,右腿大腿抬高,尽量靠近胸部。
③ 双手抱住右膝前面(胫骨上端),将右膝进一步向上提并使大腿靠近胸部。
④ 在右髋和右膝屈曲的同时,右脚背屈。
⑤ 保持躯干正直,停顿片刻,放下右脚。
⑥ 将重心移至右腿上,换左腿重复上述练习。
⑦ 每一步交替向前迈,并逐步增大动作幅度和提高速度。
涉及的肌肉:臀大肌、腘绳肌等。

图 8-23　行进间抱膝示范

6. 弓步走手肘触脚背

图 8-24 所示为弓步走手肘触脚背示范。其动作如下。

① 站直,双脚平行与肩同宽。

② 左脚向前迈出一大步平放于地上,脚尖朝前。

③ 左髋和左膝缓慢屈曲,左膝位于左脚的正上方。

④ 右膝微微屈曲并缓慢下降至距地面 3~5 cm 厘米处,右脚脚尖朝前。

⑤ 身体前倾,左手放在身前,左臂肘关节碰到左脚脚背,右手可以放在地上以维持平衡。

⑥ 身体恢复直立位,伸展左髋和左膝,将躯干向上推起。

⑦ 右脚离地并往前位于左脚旁,动作要流畅。

⑧ 站直,停住,右脚向前跨步使身体往前,之后双脚交替向前,重复上述动作。

涉及的肌肉:股二头肌、竖脊肌、腓肠肌、臀大肌、腘绳肌、髂腰肌、背阔肌、腹内斜肌、腹外斜肌、股四头肌、股直肌、比目鱼肌等。

图 8-24 弓步走手肘触脚背示范

7. 脚跟-脚尖走路

图 8-25 所示为脚跟-脚尖走路示范。其动作如下。

① 站直,双脚平行与肩同宽。

② 右脚向前迈出一小步,右脚的脚跟先触地,保持足背屈。

③ 右脚迅速向前"滚动",脚尖离地。

④ 左腿前摆以迈出一小步。

⑤ 换左脚重复上述动作,之后双脚交替向前进行练习。

涉及的肌肉:腓肠肌、比目鱼肌、胫骨前肌等。

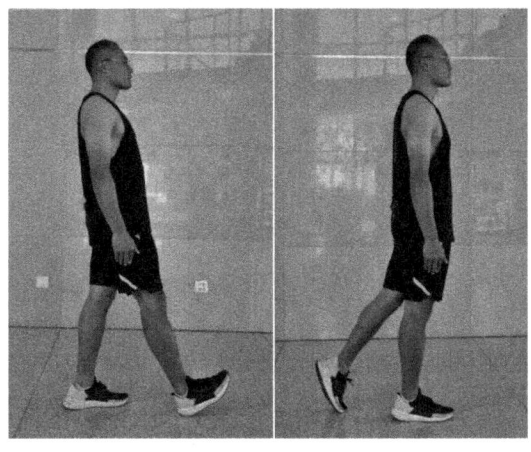

图 8-25 脚跟-脚尖走路示范

8. 单腿站立体前屈

图 8-26 所示为单腿站立体前屈示范。其动作如下。

① 站直,左脚向前迈出一小步。

② 弯腰。

③ 左臂向前伸,同时右腿尽量向后伸。

④ 两侧大腿尽量呈 90°夹角。

⑤ 俯身至感觉腘绳肌受到拉伸的位置即可,尽可能地使身体与地面平行。

⑥ 右手向下。

⑦ 支撑腿的腘绳肌和臀肌发力,使身体回到起始姿势。

⑧ 向前迈出一步,换另一条腿重复上述练习。

涉及的肌肉:臀大肌、腘绳肌、髋外展肌群、髋内收肌群、竖脊肌等。

图 8-26 单腿站立体前屈示范

9. 直腿前踢

图 8-27 所示为直腿前踢示范。其动作如下。

① 站直,双臂向胸前伸出。

② 左脚踮起,同时右腿伸直并尽可能地向前、向上抬。

③ 在右腿抬至最高处后,主动用力下压,回到起始姿势。

④ 在整个过程中,要保持身体直立姿势。

⑤ 一边向前走,一边换另一条腿重复上述动作。

涉及的肌肉:臀大肌、腘绳肌、髂腰肌、股直肌等。

图 8-27 直腿前踢示范

10. 蜘蛛爬行

图 8-28 所示为蜘蛛爬行示范。其动作如下。

① 身体呈俯卧撑姿势,肘部屈曲,但身体高度要低于常规的俯卧撑姿势。
② 左腿向前抬并外旋,左膝位于左肘外侧。
③ 双手在身前交叉向前移动。
④ 右脚向前迈至右手外侧,重复上述动作,继续向前走。
⑤ 双侧继续交替重复进行,向前走完一定的距离。

涉及的肌肉:股二头肌、竖脊肌、腓肠肌、臀大肌、腘绳肌、髂腰肌、背阔肌、腹内斜肌、腹外斜肌、股四头肌、股直肌、比目鱼肌等。

图 8-28 蜘蛛爬行示范

思 考 题

1. 简述柔韧素质的概念和分类。
2. 影响柔韧素质的主要因素有哪些?
3. 举例说明动态性拉伸的训练方法。

第九章 灵敏素质训练的理论和方法

第一节 灵敏素质概述

一、灵敏素质的概念

灵敏素质是运动参与者的运动技能与多种运动素质在运动过程中的综合表现,指运动参与者在突发条件下,快速、协调且准确完成动作的能力。灵敏素质以力量、反应速度、动作速度、耐力、柔韧性、协调性、节奏感等多种素质和技能为基础。而这些基础素质和技能又取决于神经系统的灵活性、可塑性,以及个体储备的动作数量。如果运动参与者的身体素质在某一个方面(或多个方面)得到了发展,并且运动参与者熟练掌握了运动技能,那么其灵敏素质就能得到充分发展和提高。

根据与专项运动的关系,灵敏素质可分为一般灵敏素质与专项灵敏素质两类。一般灵敏素质是指学生在各种运动活动中,在各种突然变换的条件下,迅速、合理、准确地完成各种动作的能力,它是专项灵敏素质发展的基础。专项灵敏素质是指在专项运动中,迅速、准确、协调地完成专项运动中各种动作的能力,它是在一般灵敏素质的基础上,通过多年系统、重复的专项技能和技术训练积累的结果。

灵敏素质的发展水平主要从以下3方面进行衡量。

① 是否具有快速的反应、判断、躲闪、转身、翻转、维持平衡和随机应变能力。
② 在完成动作时,是否能自如地控制自己的身体,是否能在任何条件下准确、熟练地完成动作。
③ 是否能把力量(爆发力)、速度(反应速度)、耐力、柔韧性、协调性、节奏感等素质和技能通过熟练的动作表现出来。

二、灵敏素质的机制

(一) 神经过程的灵活性

灵敏素质的体现依赖极其巩固的运动技能,更需要脑皮质高度发展的分析综合能力作为支撑。大脑皮质对信息的分析与综合,是在时间和空间维度上紧密交织、协同进行的,只有当这种能力发展到较高水平,灵敏素质才能得以表现。学习动作时,需遵循特定顺序。如此一来,大脑皮质接收的刺激会依据动作难易程度,以正确的顺序呈现。随着重复练习次数的增加,这些有序刺激不断被强化,从而帮助学生掌握技术动作。因此,反复练习,可使技术动作熟练化、自动化,使大脑神经过程兴奋和抑制的转换能力增强,从而提高大脑神经过程的灵活性,使学生在任何环境中都能把技术动作熟练地表现出来。实践证明,学生掌握的基本技术越多、越熟练,学习新运动技能的速度越快,对技术的运用越灵活,表现出的灵敏素质也越高。

(二) 条件反射形成后的强化

掌握技术动作后,还必须反复练习,不断强化,使之形成动力定型,因为条件反射形成后,如果不对其进行强化,暂时神经联系就会中断,条件反射就会消退,身体的灵活性就会降低。

(三) 前庭分析器的机能

前庭分析器对空翻、转体、平衡等动作灵敏性的提高有很大作用。前庭分析器包括耳石装置和3个半规管。3个半规管在耳内互相垂直,使得身体在向任何方向旋转时,都能接受刺激。在做横轴向前或向后翻转时,纵面内的半规管(上半规管)起主要作用;在围绕纵轴转体时,水平面的半规管(外侧半规管)起主要作用;在做矢状轴翻转时,横面内的半规管(后半规管)起主要作用。做空翻转体时,要求3个半规管的转换能力都强。在翻转时,由于前庭分析器的作用,人们才能感觉身体空间位置的变化,从而协助各种反射来调节肌紧张以完成翻转动作。体操、跳水、蹦床等运动项目能提升前庭分析器的机能,因此可利用这些运动项目的一些特定动作提升前庭分析器的机能,发展灵敏素质。

第二节 灵敏素质训练的方法

一、直线训练

日常练习中一般使用直线训练来提高学生的运动速度和协调能力。学生可以通过改变上身和下身的运动方式以及增加复杂的步法使直线训练的难度有所不同。以下是直线训练及其变化的例子。

1. 向前向后跳

学生与线平行站立,双脚并拢,前后来回跳过中间线,如图9-1所示。每次跳跃后,双脚应保持并拢状态,着地后立即起跳,尽量减少在地面上停留的时间。

单脚变换:也可以使用一只脚进行跳跃,为了确保训练的均衡性,需要确保每只脚都进行了相等次数的训练。这有助于防止因使用某只脚过多而导致的肌肉疲劳或不平衡。

该训练不仅可以增强学生的腿部力量,还可以增强他们的协调性和平衡能力。

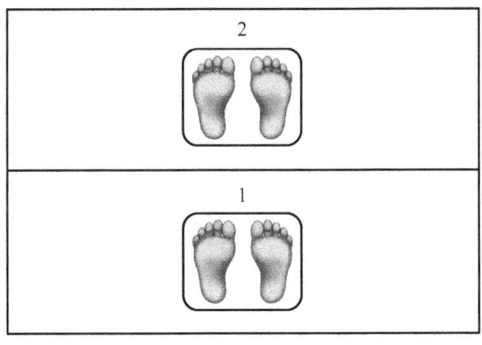

图 9-1 向前向后跳

2. 左右两侧跳

学生与垂直线平行站立,双脚并拢,在指定的时间内左右跳跃中间线或完成指定的跳跃次数,如图 9-2 所示。每次跳跃后,双脚应保持并拢状态,着地后立即起跳,尽量减少在地面上停留的时间。

单脚变换:也可以用一只脚在一条线上左右跳动。应保证每只脚的训练次数均等,以确保训练的均衡性。

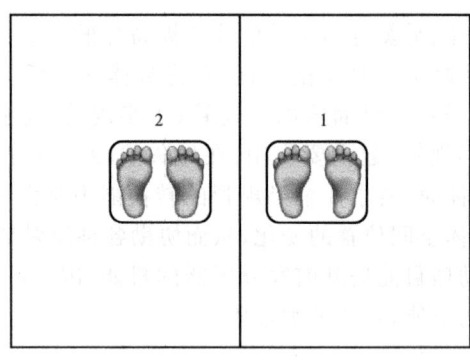

图 9-2　左右两侧跳

3. 剪刀式跳

学生与线平行站立,用右脚跨过线,把左脚放在线后,然后快速移动脚步,通过类似剪刀工作的方式将两脚的前、后位置互换,如图 9-3 所示。

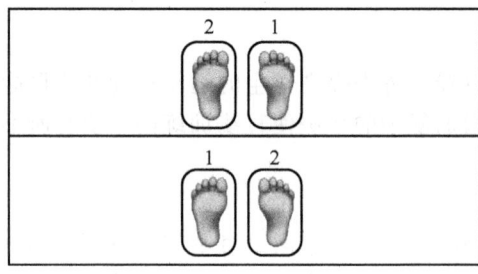

图 9-3　剪刀式跳

4. 前后侧向跳

学生与线平行站立,然后双脚并拢,向前和向后跳跃。同时,要在指定的时间或预定的距离内沿线横向移动,如图 9-4 所示。横向移动时应兼顾向左和向右移动,以确保训练的均衡性。

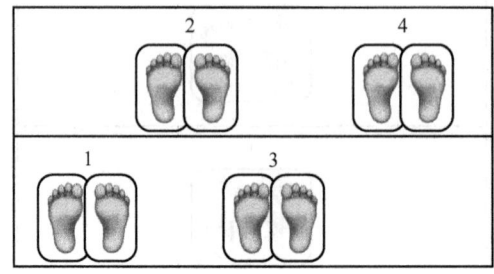

图 9-4　前后侧向跳

5. 左右两侧跳

学生与垂直线平行站立,在双脚并拢的情况下并排跳跃。沿着线向前移动时,双脚从一侧跳到另一侧,向前跳跃,直至到达线的终点,然后向后从一侧跳到另一侧,直至跳回起始位置,如图 9-5 所示。在指定的时间或预定的距离内完成此练习。在训练期间,双脚并拢。

单脚变换:也可以在一条线上用单脚左右跳动。应保证每条腿的训练次数均等,以确保训练的均衡性。

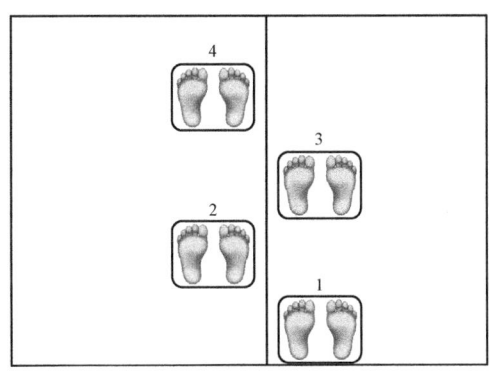

图 9-5　左右两侧跳

6. 侧向交叉步(剪刀式)移动

学生与线平行站立,一只脚跨过线,从而使一只脚在线的前面,另一只脚在线的后面。训练时,迅速交替双脚的位置,以剪刀式的运动将脚向前、向后移动,同时在指定的时间或预定的距离内沿线横向移动,如图 9-6 所示。

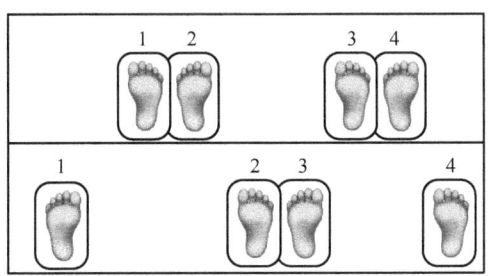

图 9-6　侧向交叉步移动

7. 180°转身侧向跳

学生站立在线上,保持肩、臀与线平行,然后跳起并将身体旋转 180°,最后双脚必须落在线上。在指定的时间或预定的距离内沿线跳跃和横向行进,如图 9-7 所示。

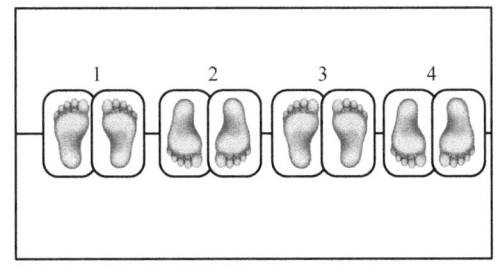

图 9-7　180°转身侧向跳

单脚变换：此训练也可以用一只脚完成。与双脚的方法一样，沿线跳跃，每次跳跃都将身体旋转180°。脚必须在每一次跳跃后落在线上。应保证每只脚的训练次数均等，以确保训练的均衡性。

二、敏捷梯训练

1. 单脚逐格向前迈步

学生站在绳梯的末端，肩部和髋部都与梯级平行，右脚迈入绳梯的第一个格子，左脚迈入第二个格子，然后重复这个过程，直到走完绳梯，如图9-8所示。在训练中，也要用左脚开始重复此项训练。

2. 双脚逐格向前迈步

学生站在绳梯的末端，肩部和髋部都与梯级平行，右脚迈入绳梯的第一个格子，左脚也迈入这个格子，以上述方式走完绳梯，如图9-9所示。在训练中，也要用左脚开始重复此项训练。

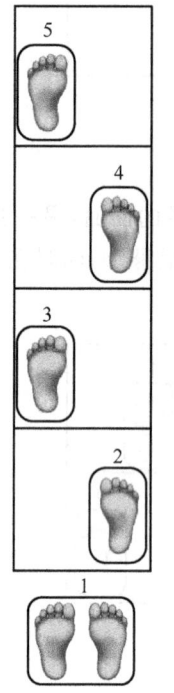

图9-8　单脚逐格向前迈步

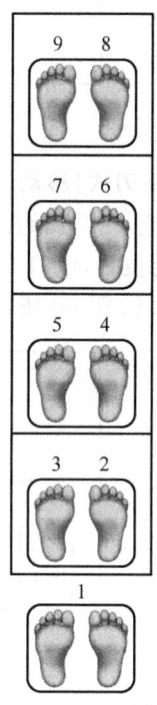

图9-9　双脚逐格向前迈步

3. 双脚侧向移步

学生站在绳梯末端的左侧，髋部和肩部都与梯级垂直，右脚迈入第一个格子，左脚也迈入这个格子，且左脚放在右脚旁边，不能交叉双腿，以上述方式横向移动，如图9-10所示。在训练中，也要用左脚开始重复这项训练。

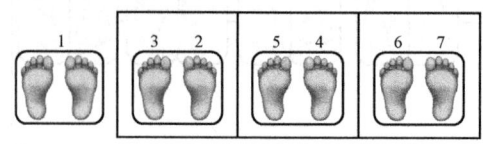

图9-10　双脚侧向移步

4. 跳跃

可以采用跳跃来增加单脚逐格向前迈步、双脚逐格向前迈步和双脚侧向移步等训练的复杂性。为了进行以上跳跃训练,可以使用垫步或踏跳步模式跳入每个格子。跳跃训练模式要求在起跳和落地时使用同一条腿。而普通训练模式要求在起跳和落地时交换使用双腿。

5. 恰恰舞

学生站在绳梯第一个格子的右侧,肩部和髋部都与绳梯垂直。①左脚迈入一个格子,右脚也迈入这个格子内。②左脚迈出格子,并迈到格子的左侧,右脚也跟着迈出来。③左脚向左侧迈出一步,右脚斜向踏入第二个格子,紧接着左脚跟进。④按双脚交替迈进迈出格子的方式,持续行进,直到抵达绳梯末端,如图 9-11 所示。

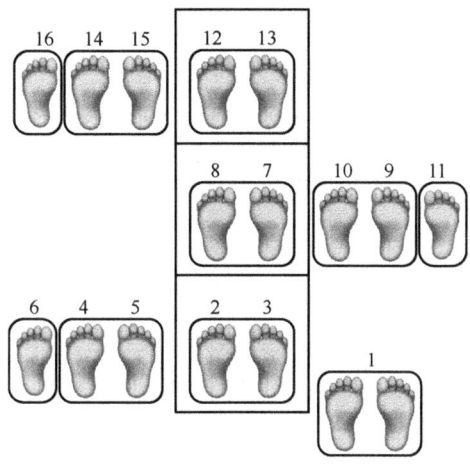

图 9-11 恰恰舞

6. 之字形并步移动

学生站在绳梯第一个格子的右侧,肩部和髋部都与绳梯垂直。首先,左脚迈入第一个格子,右脚也迈入这个格子。其次,左脚迈出格子,并迈到格子的左侧。再次,右脚迈入第二个格子,左脚也迈入第二个格子。最后,右脚迈到绳梯的右侧。学生以上述方式一直走到绳梯的末端,如图 9-12 所示。

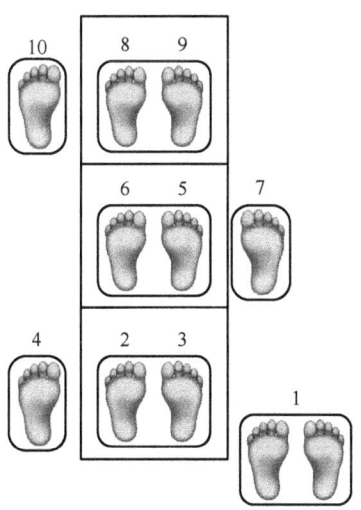

图 9-12 之字形并步移动

7. 转髋跑（Carioca 舞步）

学生站在绳梯的末端，髋部和肩部都垂直于梯级。左脚从右脚前交叉迈入第一个格子，右脚迈入第二个格子。然后左脚从右脚后迈入第三个格子，右脚从左脚前迈入第四个格子。学生以这种方式侧向平移，左脚不停地向前和向后移动，如图9-13所示。在训练中，学生使用另一只脚重复该练习。

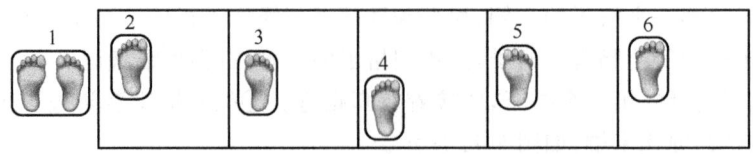

图 9-13　转髋跑

8. Billy Sims（比利·史密斯）交叉步：一进两出

学生站在绳梯左侧，髋部和肩部都垂直于梯级。左脚从右脚前交叉迈入第一个格子，右脚跨过绳梯迈至第一个格子外面。随后左脚迅速迈出格子，右脚迈入第二个格子。学生以这种方式一直走到绳梯末端。学生应当用两步迈出格子并且采用交叉脚迈至每个格子的中间位置，如图9-14所示。

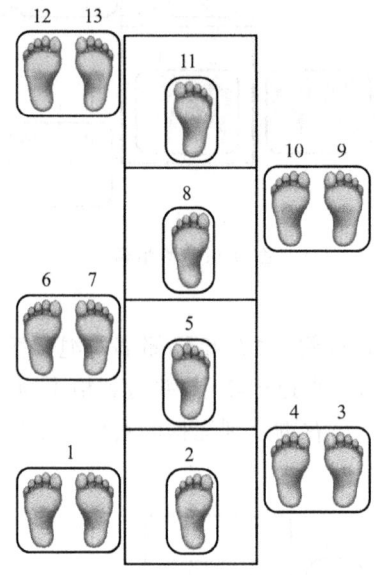

图 9-14　比利·史密斯交叉步

9. 跳格子

学生双脚开立站在绳梯的第一个格子外侧，左脚站在格子的左边，右脚站在格子的右边，肩部和髋部都与梯级平行。学生迅速用右脚跳进第一个格子，在右脚落地后立即向前跳，再次落地时两脚横跨在第二个格子两侧。然后学生迅速用左脚跳进第二个格子。双脚采用这种方式在绳梯外跳跃并轮换双脚跳至格子内，一直跳到绳梯末端，如图9-15所示。

10. Ali（阿里）步

学生站在绳梯的第一个格子前，髋部和肩部都垂直于梯级。左脚跳入第一个格子，右脚侧向移动。双脚交叉再次跳跃，右脚跳入第二个格子，左脚移到第二个格子前。继续转换双脚并且横向移动到绳梯的末端，如图9-16所示。学生应当轮换双脚，从向左和向右两个方向进行训练，以确保训练的均衡性。

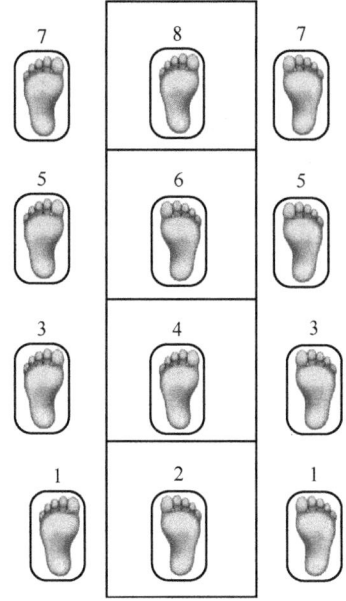

图 9-15 跳格子

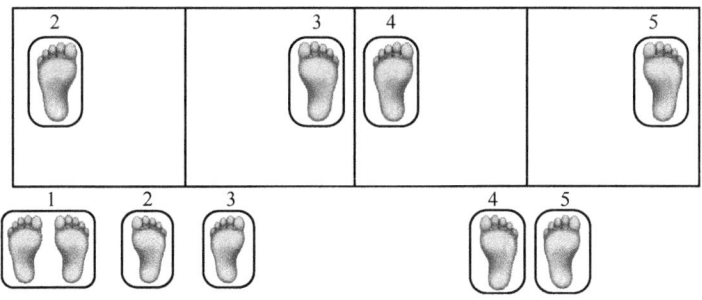

图 9-16 阿里步

11. 侧向单脚迈步

①学生站在第一个格子前方,保持髋部和肩部与梯级垂直。②右脚迈出,并迈至第一个格子的中间位置,再迈出该格子。③以侧向并步的方式移动到第二个格子前,右脚踏入格子内。④持续横向并步移动,在此过程中始终用右脚踏入每个格子,直到抵达绳梯末端,如图 9-17 所示。完成上述动作后,换用左脚从相反方向重复上述整套练习动作。

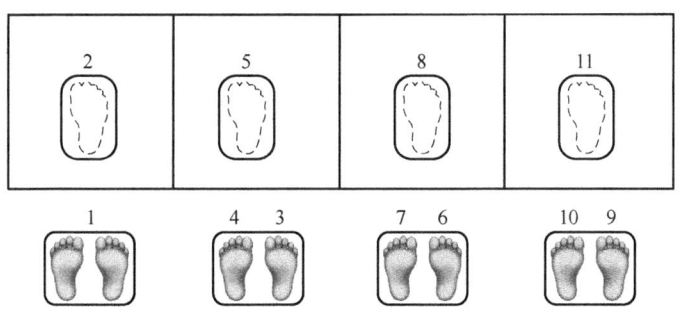

图 9-17 侧向单脚迈步

12. 双脚侧向迈进迈出

学生站到第一个格子前,髋部和肩部都垂直于梯级。学生的右脚迈至第一个格子的中间位置,左脚紧随其后迈入这个格子。当左脚迈入后,右脚斜着迈出,站在第二个格子前。左脚随后也立即迈出。双脚依次迈入每个格子,侧向移动到绳梯末端,如图9-18所示。换左脚,从反方向重复该项训练。

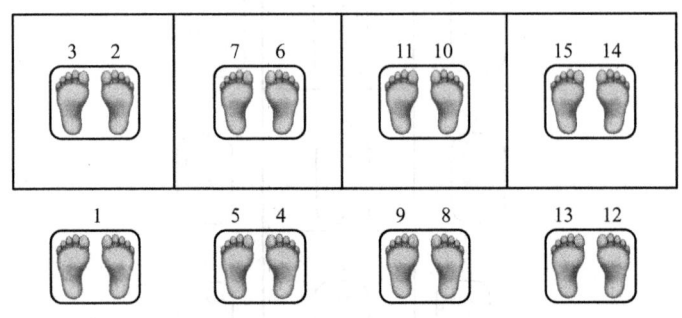

图 9-18　双脚侧向迈进迈出

13. 之字形双脚跳(回转赛)

学生站到第一个格子的左侧,髋部和肩部都垂直于梯级。双脚先跳到第一个格子的中间位置,然后迅速跳到这个格子的右侧。接着,双脚先斜着跳到第二个格子的中间位置,然后迅速斜着跳到这个格子顶端的左侧。双脚沿之字形一直跳到绳梯末端,如图9-19所示。同理,也可以从右侧开始或以倒序的方式进行此项训练。

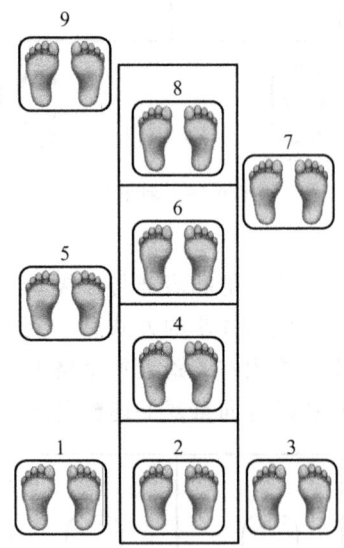

图 9-19　之字形双脚跳

14. 180°转体跳

学生的两脚开立横跨第一梯级,髋部和肩部垂直于梯级,旋转180°跳到第二个梯级,落地时双脚横跨该梯级,如图9-20所示。学生以这种方式一直跳到绳梯的末端。

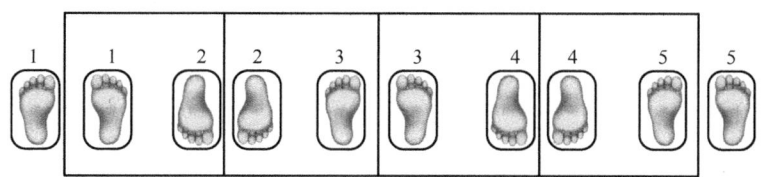

图 9-20　180°转体跳

思 考 题

1. 简述灵敏素质的概念和机制。
2. 举例说明下肢灵敏素质的训练方法。

第十章 快速伸缩复合训练的理论和方法

第一节 快速伸缩复合训练概述

一、快速伸缩复合训练的定义

快速伸缩复合训练(plyometrics)是一种含有预拉长或反向动作、需要人们动作速度快且具有爆发力的训练,包含拉长-缩短周期(Strenth-Shortening Cycle,SSC)。"plyometrics"也被翻译为超等长训练或增强训练,泛指能让肌肉在最短时间发挥最大力量的训练。快速伸缩复合训练的目的是同时利用肌肉和肌腱的弹性势能和牵张反射来提高动作的输出功率。

二、快速伸缩复合训练的力学模型及生理机制

(一)快速伸缩复合训练的力学模型

在力学模型中,当肌腱结构被快速拉长时,其内部的弹性势能会随之增加。若离心拉长运动迅速过渡到向心收缩运动,此前储存的弹性势能便会快速释放,进而提升整体功率输出。串联弹性组件(Series Elastic Component,SEC)是快速伸缩复合训练力学模型的重要部分。SEC 在被拉长时,将储存弹性势能。收缩组件(如肌动蛋白、肌球蛋白和横桥等)是肌群进行向心运动时的主要力量来源。并联弹性组件(由肌外膜、肌束膜、肌内膜和肌纤维膜等结缔组织构成)在肌肉未受刺激而伸展时施加被动的力量。

(二)快速伸缩复合训练的生理机制

牵张发射是身体对外部刺激做出的非自主性反应,表现为肌肉受到刺激后伸展。而快速伸缩复合训练的反射部分,其主要影响因素是肌梭的活动,肌梭的状态直接决定了训练中反射机制的发挥。肌梭是一种本体感受器,对肌肉伸展速率和幅度十分敏感。在快速伸缩复合训练中,肌梭受到快速拉伸刺激,引起反射性收缩。这种本能反应增强了肌肉的活性,从而提高了肌肉输出功率。和在力学模型中一样,如果肌肉在离心收缩之后没有立刻进行向心收缩,那么牵张反射引起的增力效应会消失。快速伸缩复合训练的生理机制如图 10-1 所示。

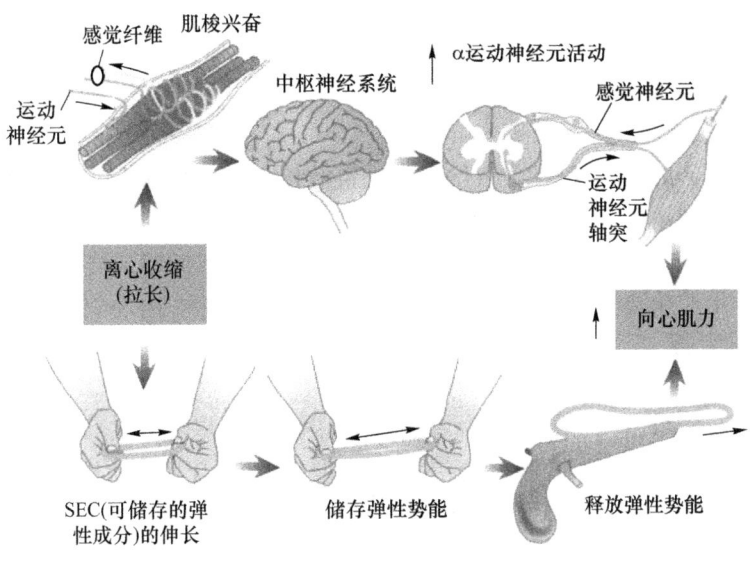

图 10-1 快速伸缩复合训练的生理机制

三、拉长-缩短周期

在日常生活和体育运动中,很多训练都涉及预拉长和反向动作,以提高肌肉输出功率和运动表现。拉长-缩短周期利用 SEC 的能量储存能力和牵张反射,在最短的时间内最大限度地募集肌肉力量。拉长-缩短周期由离心收缩、过渡和向心收缩 3 个阶段构成,如表 10-1 所示。第一阶段是离心收缩阶段,包含了对主动肌群施加前负荷。在此阶段,SEC 储存弹性势能并刺激肌梭。第二阶段是过渡阶段,其特点是持续时间短,动作速度快。第三阶段是向心收缩阶段。肌腱的伸展速度是影响肌肉募集和活动的关键。

表 10-1 拉长-缩短周期

阶段	特点	生理活动
离心收缩	主动肌群拉长	① 弹性势能储存在 SEC 中 ② 肌梭受到刺激
过渡	第一阶段和第二阶段之间的短暂间歇	① Ⅰa 神经纤维与 α 神经元结合 ② α 神经元向主动肌群传递信号
向心收缩	主动肌群收缩	① 弹性势能从 SEC 中释放 ② α 神经元刺激主动肌群

第二节 快速伸缩复合训练的方法

快速伸缩复合训练通常包含动作模式、负荷结构(运动强度、频率和时间)、训练过程、训练恢复以及热身活动等内容。快速伸缩复合训练的动作模式是由练习动作的身体部位决定的,快速伸缩复合训练通常分为上肢快速伸缩复合训练、躯干快速伸缩复合训练和下肢快速伸缩复合训练3类。

一、上肢快速伸缩复合训练

许多运动项目,如田径投掷类项目(铅球、铁饼和标枪等)、棒球、垒球、网球、排球等,都需要出色的上肢力量和爆发力。例如,一位优秀的网球运动员的发球速度高达253千米/小时。肩关节的快速伸缩复合训练不仅能够提高学生的发球速度,还能够预防肩关节和肘关节的运动损伤。典型的上肢快速伸缩复合训练动作包括抛接药球、多种类型的俯卧撑等。

1. 爆发式俯卧撑

(1) 动作方法

爆发式俯卧撑如图10-2所示。身体呈俯卧姿势于地面;肩部下沉,大臂与躯干保持约70°的夹角,双手的距离与肩同宽,双脚并拢;胸大肌收缩发力,配合手臂动作,核心收紧,快速将身体向上推起;在身体下降阶段,胸大肌、肱三头肌以及三角肌等离心收缩,控制下降速度,一直到身体下降至最低点;依次反复练习。

图10-2 爆发式俯卧撑

(2) 注意事项

核心收紧,躯干和下肢要有整体感;肩胛下沉,切勿耸肩发力;胸大肌、肱三头肌以及三角肌等主动肌群协同配合。

2. 击掌俯卧撑

(1) 动作方法

击掌俯卧撑建立在爆发式俯卧撑的基础上,胸大肌、肱三头肌以及三角肌等主动肌群对地面施加更大的爆发力,在躯干上升至最高点时完成胸腹部击掌,如图10-3所示。

图10-3 击掌俯卧撑

(2)注意事项

在上肢快速伸缩复合训练中,击掌俯卧撑是一项复杂的练习,对肩、胸和手臂施加了较大的负荷;应在躯干上升至最高点时完成胸腹部击掌,避免动作失误。

3. 单臂传球

(1)动作方法

单臂传球如图 10-4 所示。以右手持球为例,双脚开立与髋同宽,面向或侧向墙壁(或练习搭档)站立,双手持球并将药球至于右侧肩部位置。传球时,右脚蹬地发力,核心收紧,身体向传球方向转动,胸大肌、三角肌前束、肱三头肌等主动肌群发力,压腕,快速将球传出。

(2)注意事项

单臂传球作为一项练习,属于向心推的动作类型,能够有效提升单侧手臂的一般性力量和爆发力。练习时,学生应保持核心收紧状态,合理利用蹬地和躯干转动,爆发性发力将药球推出。

图 10-4 单臂传球

4. 爆发式蹲起头上抛球

(1)动作方法

爆发式蹲起头上抛球如图 10-5 所示。双脚开立与肩同宽,双手持球于胸前。动作开始时,身体重心降低至半蹲状态,膝关节屈曲 90°,核心收紧,保持脊柱和髋关节有整体感。随后,膝、髋和踝关节爆发性伸展,双臂向前上方伸展,用力将药球推出。

图 10-5 爆发式蹲起头上抛球

(2) 注意事项

学生应保持核心收紧状态,协调上、下肢同步完成药球抛射动作;动作开始时,下肢爆发性发力,并将力量传递至上肢。胸大肌、三角肌前束和肱三头肌等主动肌群应爆发性发力。

二、躯干快速伸缩复合训练

人体躯干骨包含椎骨、胸骨和肋骨等。脊柱参与构成胸廓、腹后壁和骨盆,具有支持运动和保护内部器官等功能。从解剖学和运动生物力学的角度考虑,躯干肌群缺乏必要的快速伸缩复合训练元素。大部分研究发现,躯干练习中的牵张反射不足以增强肌肉力量。但是,如果对躯干的力量训练动作进行一些改变,利用 SEC 的原理预先牵拉或反向动作,那么这些动作就可成为躯干快速伸缩复合训练的动作,如抛实心球动作中的持球后引动作。

三、下肢快速伸缩复合训练

下肢快速伸缩复合训练几乎适用于所有运动项目(如田径投掷类项目、短跑、足球、篮球、排球以及长跑和铁人三项等耐力性项目)。

典型的下肢快速伸缩复合训练方法包括原地跳、立定跳、多形式的单脚跳和双脚跳、交换跳、跳箱练习以及跳深练习等,如表 10-2 所示。

表 10-2 下肢快速伸缩复合训练方法

动作名称	动作描述
原地跳	原地跳的特点是在同一地点起跳和落地。原地跳强调垂直跳跃,并反复进行跳跃,两次跳跃之间没有休息时间;跳跃之间的时间是拉长-缩短周期中的过渡阶段。原地跳包括深蹲跳、抱膝跳等
立定跳	立定跳强调水平和垂直跳跃。立定跳需要尽全力完成且两次跳跃之间有休息时间,如纵跳、障碍跳等
多形式的单脚跳和双脚跳	这类跳跃根据练习目标由单一的原地跳和立定跳搭配组合而成,需多次重复练习,如之字形跳等
交换跳	交换跳强调水平速度和动作幅度,包括单腿和双腿的交换跳,训练量通常以距离计算,也可以以跳跃次数计算
跳箱练习	跳箱练习是指利用跳箱完成单脚或双脚的跳上、跳下动作。要根据学生的身高、训练计划选择合适高度的跳箱
跳深练习	可利用学生自身的重力加速度加大训练强度。例如,学生可站在跳箱上,然后跳下跳箱,落地后立刻完成垂直跳、水平跳动作或跳上另一个箱子。要根据学生的身高、训练计划选择合适高度的跳箱。跳深练习包含单腿和双腿的动作

1. 深蹲跳

(1) 动作方法

深蹲跳如图 10-6 所示。双脚开立与髋同宽,稍外旋成基本站立姿势。动作开始时,屈膝、屈髋,双臂后摆,上体略前倾,把重心压在前脚掌。当大腿前群肌肉达到最强拉伸状态时,迅速伸膝、伸髋,双臂向前上方摆动,前脚掌用力蹬地,垂直向上跳跃。落地时,微屈髋、膝和踝关节,下肢肌肉略紧张,核心收紧,缓冲落地。

(2)注意事项

动作开始时,双臂后摆和屈膝、屈髋动作同步完成,核心收紧,身体重心达到最低点时迅速伸膝、伸髋,完成起跳动作。

深蹲跳是一项基本练习,学生在练习时要确保起跳和落地时都能产生最大的向心力和离心控制力。深蹲跳为更复杂的原地快速伸缩复合训练动作奠定了基础。学生在熟练掌握动作的基础上,可以在沙坑、跳箱等器材的辅助下进一步提升练习难度。

图 10-6　深蹲跳

2. 收腹跳

(1)动作方法

收腹跳(如图 10-7 所示)的起始阶段同深蹲跳一样。当身体重心达到最低点时,快速伸展髋、膝和踝关节,前脚掌蹬地发力,上臂向前上摆动,髋关节深层髂肌和腰大肌主动发力,核心收紧,腹肌主动收缩,大腿前群向心收缩,膝关节上抬,大腿与地面保持平行,完成收腹跳跃动作。落地时,双腿伸展,略紧张,为下次起跳提供预张力。

图 10-7　收腹跳

(2)注意事项

收腹跳是一项动态练习,需要学生连续弹跳触地,且每次跳跃时都要将大腿提升至与地面保持水平的位置。练习时,学生要始终保持躯干、下肢的预紧张状态,配合手臂摆动完成动作。

3. 交替分腿蹲跳

(1)动作方法

交替分腿蹲跳如图10-8所示。两脚前后开立成弓步,把大部分重心压在前侧支撑腿上。起跳时,双臂或单臂前后摆动,核心收紧,两侧支撑腿快速伸展发力,前脚掌蹬地跳离地面。起跳后,双腿在空中交换位置落地。落地时,臀部肌肉、大腿前后肌群略紧张,前脚掌触地缓冲落地。

(2)注意事项

交替分腿跳向前侧支撑腿施加额外压力,后侧腿保持稳定并发挥支撑作用。在练习时,学生要始终保持核心收紧状态,身体不能过度前倾。学生在练习时可以适当减小分腿幅度。随着熟练程度的不断提升,学生可逐渐增大分腿幅度。

4. 障碍跳

(1)动作方法

障碍跳如图10-9所示。双脚平行站立于第一个栏架前,双脚间距与髋同宽。双臂向后摆动,核心收紧,屈髋、膝和踝关节,把重心落在前脚掌上。迅速伸展髋、膝和踝关节,双臂向前上方摆动,收腹提拉下肢,保持双膝和双脚朝向正前方,跳过栏架。落地时足背屈,保持下肢的刚性和弹性,前脚掌触地后迅速伸展身体,完成下一次弹跳。

(2)注意事项

学生可以根据自身能力选择不同高度和不同间距的栏架进行反复练习。练习时,注意保持核心收紧状态,上、下肢协同动作。落地时应保持下肢的刚性和弹性,以为下一次起跳储存足够的弹性势能。

图10-8 交替分腿蹲跳

图10-9 障碍跳

5. 立定跳远

（1）动作方法

立定跳远如图 10-10 所示。双脚平行站立，双脚间距与髋同宽。动作开始时，双臂向后摆动，核心收紧，屈髋、膝和踝关节，把重心落在前脚掌上。当身体重心达到最低点时爆发性地伸展身体，前脚掌蹬地发力，双臂向前上方摆动。腾空后，快速收腹举腿，大腿无限地向腹部靠近。落地时，两腿分开，下肢保持适当的刚性和弹性，脚后跟落地并迅速过渡到前脚掌制动。

图 10-10　立定跳远

（2）注意事项

在起跳阶段，屈髋、膝和踝关节，使主动发力肌群离心收缩，以使其储存弹性势能。然后快速伸展身体，从而释放能量，完成起跳动作。空中快速收腹举腿，落地时两腿分开，下肢保持适当的刚性和弹性。

6. 双腿之字形跳

（1）动作方法

双腿之字形跳如图 10-11 所示。将若干栏架呈之字形摆放。练习时，学生双脚平行站立于起始栏架外侧。屈髋、膝和踝关节，双臂后摆，并迅速向侧向栏架外侧起跳，保持肩部与所有栏架的中心假想连线垂直。落地后，迅速改变方向，从第二个栏架外侧向第三个栏架外侧起跳。后面重复上述动作，直至完成练习。

（2）注意事项

练习时，学生要始终保持核心收紧状态，下肢预紧张。强度较小的练习中，通常将栏架摆放成一条直线，可以通过单脚跳跃的方式加大练习强度。

7. 交换跳

（1）动作方法

交换跳如图 10-12 所示。以左腿在前为例，练习开始时，左脚在接触地面的瞬间立即蹬

图 10-11 双腿之字形跳

地,右腿向前摆动并屈髋至大腿接近与地面保持水平的高度,膝关节保持在约 90°。在腾空阶段,左臂向前摆动,右臂后引,保持身体平衡。随后,两腿交替重复完成该动作。

图 10-12 交换跳

(2) 注意事项

练习时可以采用双臂交替摆动或同步前后摆动的方式。交换跳看上去很像大幅度的跑步动作,两者的不同之处在于交换跳需在落地时快速伸展髋、膝和踝关节,蹬地发力,使身体保持更长的腾空时间。

8. 交换腿蹬跳

(1) 动作方法

交换腿蹬跳如图 10-13 所示。选择一个合适高度的跳箱。学生面向跳箱站立,一只脚放在跳箱上面,脚跟靠近跳箱边缘,另一只脚撑地。练习时,支撑腿略屈并快速伸展,在跳箱上的脚蹬箱跳起。身体腾空后,两脚交替换位,并保持适当的刚性和弹性。落地后,迅速交替换脚,完成动作。

(2) 注意事项

练习时学生应保持核心收紧状态,双臂应积极摆动,与脚部动作相配合。随着学生能力的不断增强,可以适当增加跳箱的高度。

图 10-13　交换腿蹬跳

9. 下落制动

（1）动作方法

下落制动如图 10-14 所示。选择一个合适高度的跳箱。双脚平行站立于跳箱上，脚趾靠近跳箱边缘。然后从跳箱上迈步下落，双脚平稳落地。下落过程中，稍微屈髋、膝和踝关节，准备落地。落地时，前脚掌先接触地面并迅速过渡到脚后跟，进一步屈髋、膝和踝关节，以减小身体落地时受到的冲击力。上体略前倾，保持身体平衡。

（2）注意事项

练习时，学生应保持核心收紧状态，可以根据跳箱的高度适时调整练习强度。

图 10-14　下落制动

10. 跳深

（1）动作方法

跳深（如图 10-15 所示）的准备动作及开始动作同下落制动的一样，两者的不同之处在于跳深需在落地后迅速伸膝、伸髋，双脚快速蹬地发力并向前上方起跳。

图 10-15　跳深

(2) 注意事项

落地时,双脚与地面的接触时间越短越好。跳深强调垂直跳跃的高度,应尽量减少水平方向的移动。

11. 跳深＋跳箱

(1) 动作方法

选择两个合适高度的跳箱,并根据学生身高调整两个跳箱之间的距离。在练习时,学生从第一个跳箱迈下,完成跳深动作,而在落地时,学生迅速伸膝、伸髋,双脚蹬地发力,双臂上摆,跳上第二个跳箱,如图 10-16 所示。

图 10-16　跳深＋跳箱

（2）注意事项

直接从第一个跳箱迈下时应控制好身体重心。落地时，双脚接触地面的时间越短越好。练习时，学生应保持核心收紧状态，并始终保持下肢的刚性和弹性。

12. 跳深＋横向移动

（1）动作方法

两个学生为一组，两人面对面进行练习。练习时，一个学生（作为练习者）站立在合适高度的跳箱上，完成跳深动作，在落地的瞬间观察对面同伴指出的横向移动方向并迅速转身加速跑，如图 10-17 所示。

（2）注意事项

练习时，应保持核心收紧状态，并集中注意力。练习同伴应在练习者完成跳深动作的瞬间给出横向移动方向。

图 10-17　跳深＋横向移动

思 考 题

1. 简述快速伸缩复合训练的概念和生理机制。
2. 举例说明下肢快速伸缩复合训练的方法。

第十一章 核心力量训练的理论和方法

第一节 核心力量训练概述

一、核心力量训练的相关概念

核心通常指人体的躯干,主要包括腰椎、髋关节、骨盆及其周围的肌群、韧带和结缔组织。

核心力量是从康复与健身领域引入的概念,最早源于核心稳定性的研究,而核心稳定性的概念最早源于人体脊柱的解剖学与生理学理论。

核心力量是指附着在人体核心区的肌肉群在神经的支配下收缩所产生的力量。增强核心力量可以直接提高核心部位的稳定性,保持身体姿态稳定,提高身体的控制能力和平衡能力。核心力量与核心稳定性之间互相渗透、互相促进、互相制约。

核心稳定性是指在运动中控制骨盆和躯干等核心区肌肉的稳定状态,使力量的产生、传递与控制达到最佳化的一种能力。核心稳定性具有稳定身体姿态,传输能量,为上、下肢运动创造支点、构建运动链并协调上、下肢发力,使力量的产生、传递和控制达到最佳化的作用。

二、核心力量训练的解剖学基础

在解剖学上,核心区是指以膈肌为顶,以盆底肌为底,包括髋关节在内的区域。

从腰椎-骨盆-髋关节的解剖学角度来看,核心肌群包括 8 对骨盆肌、11 对大腿肌、9 对背肌、5 对腹肌、1 块膈肌,其中有 25 对肌肉的起止点均在核心区,如表 11-1 所示。这些肌肉不仅对核心区有固定作用,而且在人体运动中起到稳定身体姿态、传导力量等作用。加强这些肌肉的力量练习,对人体在运动过程中保持平衡有重要意义。

表 11-1 核心区的肌肉起止点分布及数量

肌群	肌肉名称		
	起点在核心区(7 对+1 块)	起止点都在核心区(25 对)	止点在核心区(1 对)
盆带肌(8 对)		髂肌、腰大肌、梨状肌、臀大肌、臀中肌、臀小肌、闭孔内肌、闭孔外肌	
大腿肌(11 对)		股直肌、缝匠肌、阔筋膜张肌、股二头肌(长头)、半腱肌、半膜肌、耻骨肌、长收肌、短收肌、大收肌、股薄肌	

续表

肌群	肌肉名称		
	起点在核心区(7对+1块)	起止点都在核心区(25对)	止点在核心区(1对)
背肌(9对)	回旋肌、多裂肌、棘间肌、横突间肌	背阔肌、下后锯肌、竖脊肌(棘肌、最长肌、髂肋肌)	
腹肌(5对)	腹内斜肌、腹横肌、腰方肌	腹直肌	腹外斜肌
膈肌(1块)	膈肌		

三、核心力量训练的作用

在体育运动中,核心肌群对身体姿态的稳定、运动技能的提高和专项技术动作的练习起着重要的作用。核心肌群收缩产生的能量不仅是人体运动力量的原动力,而且能够为肢体的肌肉收缩创造支点,协调肌肉群和筋膜链条的运动,加快力量的传导,从而提高运动效率。

(一) 保持脊柱、髋关节稳定,保持身体姿态稳定

核心肌群会影响四肢的动作,负责保持脊柱、髋关节稳定和身体姿态稳定。核心肌群,特别是深层肌群(如膈肌、盆底肌、多裂肌等)力量的欠缺,会导致身体稳定性降低,甚至产生运动损伤。例如,在屈体硬拉动作中,下背部肌肉力量欠缺会导致弓腰发力,进而会增加椎间盘压力,造成不必要的损伤。

(二) 为肢体运动创造支点

核心力量能将参与人体运动的不同关节和肌群的收缩力量整合起来,形成符合人体力学规律的运动链,为四肢末端发力创造理想的条件。脊柱、骨盆和髋关节的稳定性可以为四肢肌肉收缩创造稳定的支点,增强四肢肌肉收缩力量,为身体的协调发力创造条件。

(三) 预防运动损伤

当人体在做快速运动时,核心肌群能够使肢体保持在正常的位置上,深层小肌群的稳定功能起到保护和预防损伤的作用;不正确的发力模式会加大运动损伤的概率。核心力量训练可以提高脊柱、骨盆的稳定性,提升核心区在运动中的刚性;通过核心部位的协调作用建立上、下肢发力的稳定支点,可以减少末端肢体与关节的负荷。

(四) 提升能量转换效率,提升肢体工作效率

核心力量训练可以提升髋部及躯干的能量转换效率,从而为四肢运动提供稳定的支点,提升肢体工作效率。核心区拥有大量的肌群,能够产生和储存大量的能量。人体四肢大部分肌肉的起止点都在核心区,当运动产生时,核心肌群的收缩能够使核心区保持适度的刚性,提升力量的传导效率,降低能量损耗。

第二节 核心力量训练的方法

(一) 抗伸展训练

1. 稳定性练习

下面以肘部平板支撑为例讲述核心力量训练中的稳定性练习。

1) 动作方法

肘部平板支撑如图 11-1 所示。双肘支撑俯卧于地面,双脚并拢或者双脚分开与髋同宽。踝关节背屈,脚趾指向胫骨方向。核心收紧,膝关节锁紧,髋关节适当向后旋转。耳部、肩部、髋关节和脚踝对齐,呈一条直线,身体也保持一条直线。按预定的时间保持该姿势。

2) 注意事项

骨盆过度前倾会导致髋部下沉,下背部压力过大;骨盆适当后旋,核心收紧,臀部不要过度翘起;下颌保持内收并避免头部下沉(头部既不前倾,也不后仰,颈椎伸直)。

图 11-1 肘部平板支撑

3) 动作变式

(1) 动作变式一

双手放在地面上,位于双肩正下方,双臂垂直于地面,手臂伸直,身体上提,只用双手、前脚掌接触地面,骨盆不要过度前旋,如图 11-2 所示。

图 11-2 肘部平板支撑的动作变式一

（2）动作变式二（固定下肢）

选择一块合适厚度的泡沫垫（或平衡板）或一个波速球等作为辅助练习工具。练习时，双手分别位于肩下方，与地面垂直，置于练习器材上，核心收紧，双脚接触地面且分开与髋同宽，如图11-3所示。

图11-3　肘部平板支撑的动作变式二（固定下肢）

（3）动作变式三（固定上肢）

上肢固定，双脚放在不稳定设备（如瑜伽球或波速球等）上。双手平放于地面，与地面保持垂直，核心收紧，肩胛下沉，双手接触地面，双脚或小腿置于瑜伽球上进行练习，如图11-4所示。

图11-4　肘部平板支撑的动作变式三（固定上肢）

2．力量练习

1）前滚练习（稳定球，跪姿）

（1）动作方法

前滚练习如图11-5所示。双膝跪在垫面上，前脚掌蹬地，双手放于体前瑜伽球上。练习时，平稳地向前伸展肘部、肩部、髋部和双膝。随着球向前移动，前臂顺势在瑜伽球上端滚动。在保持脊柱稳定、核心收紧的同时，尽量把球向前推出，骨盆保持中立位。回撤动作即向后滚动球，回到起始姿势。

（2）注意事项

练习时，核心收紧，尽量保持耳部、肩部、髋部、膝盖和脚踝呈一条直线。避免骨盆过度前倾（腰椎拱起或过度伸展）。

图 11-5　前滚练习

2）原地登山

（1）动作方法

原地登山如图 11-6 所示。身体俯卧，双臂伸直，核心收紧，整个身体呈平板支撑状态。练习时，左侧腿和双臂支撑身体并保持平衡，右侧腿屈腿上提，大腿尽量靠近躯干，随后快速向后蹬踏，与双臂形成新的支撑机构，左侧腿屈膝上提；两侧腿交替完成练习。

图 11-6　原地登山

(2) 注意事项

核心收紧,髋部不要下沉;一侧腿做上提动作时,髋部可以适当出现一些代偿性上提动作,但是要避免骨盆和臀部过度拱起;保持下颌内收,避免过度低头。

(二) 抗旋转训练

1. 稳定性练习

1) 肘部侧平板支撑

(1) 动作方法

肘部侧平板支撑如图11-7所示。身体侧躺于地面,双腿伸直侧向叠放在一起,支撑侧手臂肩部下沉,大臂保持与地面垂直,肘关节支撑于地面。练习时,核心收紧,上提身体,身体呈一条直线并处于中立姿势(耳部、肩部、髋部、膝盖和脚踝呈一条直线)。触地点是下侧脚和手掌以及前臂的侧面;另一侧重复进行训练。

(2) 注意事项

支撑侧肩胛下沉,核心收紧,踝关节及脚掌外侧面作为支点。在进行肘部侧平板支撑练习时,学生需要具有强大的核心力量。学生可以循序渐进,从做好基本动作开始,逐渐过渡到计时练习。

图11-7 肘部侧平板支撑

2) 直臂侧平板支撑(手臂和腿外展)

(1) 动作方法

以侧平板支撑为起始状态。练习时,在保持身体平衡的条件下,在身体额状面内外展上侧手臂和腿,并保持该姿势一段时间,如图11-8所示。

(2) 注意事项

核心收紧,保持身体的刚性。

3) 肘部侧平板支撑(不稳定上肢,手臂和腿外展,下肢高位)

(1) 动作方法

以使用波速球为例,支撑侧肘部和前臂放在波速球上,核心收紧,身体呈侧平板支撑状态,如图11-9所示。练习时,在身体额状面内外展上侧手臂和腿。外展时,上侧腿轻微内旋,充分运用臀肌复合体(尤其是臀中肌)的力量。

图 11-8 直臂侧平板支撑（手臂和腿外展）

（2）注意事项

核心收紧，保持身体的刚性。

图 11-9 肘部侧平板支撑（不稳定上肢，手臂和腿外展，下肢高位）

4）直臂侧平板支撑（手臂外展，膝靠胸）

（1）动作方法

直臂侧平板支撑（手臂外展，膝靠胸）如图 11-10 所示。支撑手位于肩部正下方，该侧手臂伸直，与地面垂直；核心收紧，在身体额状面内外展另一侧手臂，该侧手臂也伸直，与地面垂直；上侧腿在矢状面内提拉至大腿与躯干保持垂直的状态，大腿与小腿的夹角小于 90°；最后回到起始姿势。

（2）注意事项

核心收紧，保持身体的刚性。

图 11-10　直臂侧平板支撑（手臂外展，膝靠胸）

2．力量练习

1）俯卧撑复合练习

（1）动作方法

俯卧撑复合练习如图 11-11 所示。双手持哑铃呈平板支撑姿态。肩胛下沉，双臂伸直，双手持哑铃支撑。核心收紧，髋关节保持中立位。双脚分开与髋同宽，前脚掌、脚趾接触地面。练习时，身体呈一条直线（耳部、肩部、髋部、膝盖及脚踝对齐）。

（2）注意事项

练习时，核心收紧，身体呈一条直线。髋关节保持中立位，避免身体下沉、耸肩等错误动作。

2）悬挂屈膝折叠

（1）动作方法

悬挂屈膝折叠如图 11-12 所示。双手握距略比肩宽，正手或反手抓杠，肩关节下沉，肩胛关节收紧，核心收紧，双脚叠放悬挂于单杠上。练习时，核心收紧，腹部肌群、髂腰肌、大腿前群等主动肌群收缩，双膝上提至躯干和大腿的夹角小于 90°的状态，小腿自然下垂，稍停顿。随后，主动肌群对抗下肢自重离心收缩，伸髋、伸膝，双腿下放至悬垂状态。重复练习。

（2）注意事项

练习时，肩胛下沉，背部肌群主动收缩并保持等长收缩状态。核心收紧，髋关节保持中立位，避免腰椎过度后凸。学生可以根据自身情况选择正手或反手握杠，以及确定双手握距。练习时可采用一对一的形式，在练习者屈髋上提动作过程中给予助力；也可以选择让练习者双脚夹药球，或增加负重，以此加大练习的难度。

图 11-11　俯卧撑复合练习

图 11-12　悬挂屈膝折叠

（三）肩胛胸壁训练

1．稳定性练习

1）Y字挺身

（1）动作方法

Y字挺身如图11-13所示。双臂向外伸展，呈Y字形俯卧于垫上，双脚并拢。身体后侧肌肉链条收紧，核心收紧，肩胛收紧。利用大腿前群、髋关节、腹部和胸部支撑身体。下颌微收，保持颈部自然生理弯曲。练习时，臀部、大腿后群、腰背部肌群主动收缩，带动上体抬起，双臂向斜上方呈Y字形，稍停顿。然后放下双臂，回到起始姿势。

（2）注意事项

练习时，始终保持肩胛收缩和下压，核心收紧。下颌微收，头部保持中立位。尽量高且舒展地抬起双臂，且减少额外的身体代偿性运动。

图11-13　Y字挺身

2）Y字挺身的动作变式

（1）动作方法

Y字挺身的动作变式如图11-14所示。借助瑜伽球，利用髋关节、腹部和双脚支撑身体，双臂上举呈Y字形俯卧于球上。核心收紧，双脚适当打开，保持稳定。动作开始时，背侧肌肉链条收紧，臀部、大腿后群、腰背部肌群主动收缩，带动上体抬起至最高状态，稍保持。随后还原至起始状态，反复练习。

（2）注意事项

双脚打开，辅助身体形成稳定的支撑状态。练习时，动作幅度不宜过大，速度不宜过快，避免身体失去平衡，影响练习质量。

图11-14　Y字挺身的动作变式

2. 力量练习

1)立姿阻力带飞鸟

(1)动作方法

立姿阻力带飞鸟如图 11-15 所示。双脚分开,略比肩宽,平行站立。双膝微屈,骨盆处于中立位。双手持弹力适中的阻力带,掌心朝下,双臂伸直,与地面平行(肩部在身体矢状面内外展),肘关节固定。练习时,肩胛下沉,核心收紧。双手同时拉动阻力带并以肩关节为轴向外伸展至极限状态,稍保持。肩胛主动肌群保持适度紧张,以可控的速度回到起始姿势。重复练习。

(2)注意事项

练习时,肩胛下沉,肘关节锁住,核心收紧。动作开始时,吸气屏息,保持躯干的刚性,以配合双臂外展完成动作。动作还原时呼气。

图 11-15　立姿阻力带飞鸟

2)悬吊仰卧后拉

(1)动作方法

使用 TRX 练习带完成练习。练习时可以将以下 3 种握法进行组合,不同握法可以募集不同肌群参加练习。

① 相对握:整个练习中,掌心相对。

② 正握:整个练习中,掌心朝向脚的方向。

③ 组合:以正握开始,然后在重复练习时用相对握。

悬吊仰卧后拉如图 11-16 所示。练习时,双手握住手柄,肩胛下沉,核心收紧,上提身体,保持悬挂平板支撑姿势(肩部、髋部、膝盖和脚踝对齐)。双脚背屈,脚跟接触地面。肩胛部肌群主动发力,收紧后背(中、下背部)和肱二头肌,上拉身体,使双手靠近胸部水平面,稍停顿。然后以可控的速度回到起始姿势。在练习期间,始终保持身体呈直线状态。重复练习。

(2)注意事项

肩胛下沉,避免耸肩代偿发力。下颌微收,核心收紧,身体保持一定的刚性,避免臀部下沉。

图 11-16　悬吊仰卧后拉

（四）腰椎-骨盆-髋关节复合体训练

1. 稳定性练习

下面以臀桥为例讲述腰椎-骨盆-髋关节复合体训练中的稳定性练习。

(1) 动作方法

臀桥如图 11-17 所示。仰卧于垫面或地上，双膝屈曲，双脚平放于地面，脚趾略微指向内侧。练习时，双手放在髋部，核心收紧，吸气屏息，臀部肌肉主动发力，平稳地抬起髋部，直到髋关节完全伸展。然后呼气，缓慢下落髋关节至起始姿势。重复练习。

(2) 注意事项

颈部放松，避免头部和颈部承受过度压力。利用双肩和双脚支撑身体。保持核心收紧状态，利用呼吸配合完成动作，避免腘绳肌上部或下背部过度紧绷。

2. 力量练习

1) 臀桥（肩部抬高）

(1) 动作方法

臀桥（肩部抬高）如图 11-18 所示。利用双肩和颈部（头后侧）支撑仰卧于训练椅上。双膝屈曲，双脚平放于地面。核心收紧，臀部自然下落到适当的高度。练习开始时，吸气屏息，臀部肌肉主动发力使髋关节上提至与地面保持平行的状态，稍保持。然后缓慢下落臀部，回到起始姿势。重复练习。

图 11-17 臀桥

(2)注意事项

在练习期间,收紧臀肌和核心区。提起髋部,使耳部、肩部、髋部和膝盖呈一条直线。避免腰椎过度伸展。熟练掌握动作后可以使用杠铃等进行负重练习。

图 11-18 臀桥(肩部抬高)

2) 深蹲（双腿缠绕阻力带）

（1）动作方法

在膝盖正上方的双腿处缠绕一根阻力带进行深蹲练习，如图 11-19 所示。双脚开立，且双脚间距与肩同宽或略比肩宽，肩胛下沉，双臂屈曲，双手置于头后，略挺胸。练习时，核心收紧，屈髋、屈膝，臀部向后下方下落，膝关节指向脚尖方向，直至大腿与地面保持水平或略低于水平面。处于深蹲姿势时，小腿应与躯干保持平行，双膝不能超过脚尖太多。臀中肌和大腿外侧肌群主动发力，膝关节外展（对抗弹力带阻力），稍保持。蹬地发力，伸髋、伸膝，身体还原至起始姿势。重复练习。

图 11-19 深蹲（双腿缠绕阻力带）

（2）注意事项

核心收紧，膝、髋联动。当大腿与地面平行时或略低于水平面时，双膝不应超过脚尖太多。将身体重心放在脚的后半部分上。膝盖不要向内扣。

3）相扑硬拉

（1）动作方法

相扑硬拉如图 11-20 所示。双脚平行开立，双脚间距大约为 1.5 倍肩宽，脚尖略外撇。壶铃位于两脚前脚掌连线的中间位置。练习时，屈膝、屈髋，保持脊柱和髋关节具有整体感，臀部向后移动，降低重心，两臂自然下垂，双手正手抓握壶铃。吸气屏息，肩胛下沉，核心收紧，挺胸，伸膝、伸髋，大腿前群和臀部肌肉主动发力，保持躯干稳定，双臂收紧，将壶铃提升至髋关节前部。身体保持中正姿势，稍保持。屈膝、屈髋，核心收紧，在保持躯干稳定的同时，还原到起始姿势。重复练习。

（2）注意事项

下颌微收，头部不要过度前倾，始终保持躯干的稳定状态。动作开始时，屈膝、屈髋，下背部保持自然生理弯曲。

图 11-20　相扑硬拉

（五）整体核心训练

下面以土耳其起立为例讲述整体核心训练。

（1）动作方法

以右手持壶铃为例，身体侧躺于垫面，两手相向握住壶铃的把手。土耳其起立如图 11-21 所示。

土耳其起立包含以下 6 个动作。

① 侧卧到平卧推举：核心收紧，肩胛收紧，双臂和肩胛臂关节形成一个整体，借助身体向左旋转的力量，双手持壶铃顺势向上举起，随后右手托住壶铃，左手在保证壶铃举稳之后平放至地面，并与躯干保持 45° 的夹角。左腿放直，右腿屈膝，脚踏实垫面。

② 手支撑：核心收紧，肩胛下沉，腰腹发力并向左旋转，借助右腿蹬地以及左肘和手臂撑地的力量，抬起上体。

③ 侧桥：肩袖关节和核心收紧，髋关节向上顶起，将躯干抬离地面，身体呈一条直线。利用左手、右脚和左脚支撑身体呈侧桥状。

④ 撤腿呈跪姿：左腿后撤，利用左脚前脚掌和膝关节支撑身体，大腿垂直于垫面，核心发力，左手推离地面，躯干直立。

⑤ 站立：右侧腿的大腿前群和臀部肌肉主动肌发力，躯干保持稳定，伸膝、伸髋，保持站立姿态。

⑥ 还原：用相反顺序完成上述动作，将身体还原至起始状态。

（2）注意事项

练习时，始终保持核心收紧状态，保持肩部收缩和下压，不要耸肩。

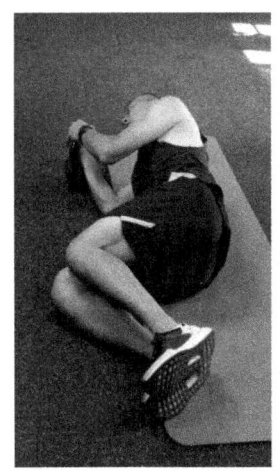

图 11-21　土耳其起立

思 考 题

1. 简述核心力量训练的概念和作用。
2. 举例说明核心力量训练的方法。

第三部分
运动损伤篇

第三部分

运动物体篇

第十二章 运动损伤及其预防、诊断、评估和康复

第一节 运动损伤概述

一、运动损伤的概念

运动损伤是指参加体育运动时发生的肌肉、韧带、关节或骨骼损伤，常由使用过度、急性创伤、技术错误、肌肉失衡、环境因素和生理因素导致。运动损伤与一般的工伤或日常生活中的损伤有所不同，它的发生与运动项目、训练安排、运动环境、运动者的自身条件以及技术动作有密切的关系。

运动损伤的预防比治疗更加重要，如果在运动时没有积极采取预防损伤的一系列措施，那么很有可能会发生各种伤害事故。因此运动员或学生应了解在自己从事的运动活动中易发生损伤的部位及原因，积极采取预防措施，从而有效避免运动损伤的发生。

二、运动损伤的分类与发生机制

（一）运动损伤的分类

运动损伤是体育活动中常见的问题，对其进行分类有助于更好地理解、预防和治疗这些损伤。运动损伤可以根据不同的标准进行分类，如可根据损伤机制、损伤部位、严重程度和恢复时间等进行分类。

1. 损伤机制

根据损伤机制，运动损伤可以分为急性损伤和慢性损伤两类。急性损伤通常是由一次性的高能量事件引起的，如扭伤、拉伤或骨折。而慢性损伤则是由长时间的重复应力或过度使用导致的，如肌腱炎或应力性骨折（又称疲劳性骨折）。

2. 损伤部位

根据损伤部位，运动损伤可以分为上肢损伤、下肢损伤和躯干损伤3类。上肢损伤包括肩袖损伤、肘部炎症等；下肢损伤包括膝关节损伤、踝关节扭伤等；躯干损伤包括背部肌肉拉伤或腹部肌肉损伤等。

3. 严重程度

根据损伤的严重程度，运动损伤可以分为轻度损伤、中度损伤和重度损伤3类。轻度损伤通常只影响运动员的运动表现，而中度损伤可能导致运动员需要进行短暂的休息和治疗，重度

损伤可能导致运动员长时间无法参与运动,并可能导致运动员需要进行手术治疗。

4. 恢复时间

根据恢复时间,运动损伤可以分为短期损伤和长期损伤两类。短期损伤通常在几天到几周内恢复,而长期损伤可能需要数月甚至更长时间才能康复。

了解运动损伤的分类有助于制定针对性的预防措施和康复计划,以减少运动损伤的发生并促进受伤部位的快速恢复。

(二)常见运动损伤的发生机制

了解运动损伤的发生机制对于预防和治疗运动损伤具有重要意义。常见的运动损伤机制主要包括以下几种。

1. 过度使用

长时间大量的重复运动可能导致肌肉、肌腱或骨骼的过度使用,从而引发运动损伤。例如,长跑运动员可能会出现胫骨骨膜炎或跟腱炎。与此同时,一项关于青少年中长跑运动员跑步步态对下肢运动损伤的影响的研究发现:中速跑时,青少年中长跑运动员躯干后仰程度较大、向右侧屈曲角度较小,支撑腿的髋关节内收、踝关节着地时内旋角度较小,以及踝关节离地时内旋角度较大的步态使下肢更易发生运动损伤。而超重和肥胖人群可能会增加由骨骼和关节负荷增加导致的过度使用损伤风险。

2. 急性创伤

运动中意外的撞击或跌倒可能导致急性损伤。例如,在足球、橄榄球、拳击及武术等运动项目中,由于身体对抗较多,因此受伤风险相对较高,常见的运动损伤有扭伤、拉伤、脑震荡、骨折、关节脱位等。其中,脑震荡、骨折及关节脱位是严重创伤,需要立即就医。此类创伤患者可能会出现头晕、头痛,肢体畸形,肢体剧烈疼痛以及肢体或关节出现功能障碍等问题,必须通过诊断性检查(如 X 射线检查、CT 检查、核磁共振成像检查等)对创伤进行进一步的评估。当怀疑患者发生骨折或关节脱位等运动损伤时,应用夹板固定患肢,使患肢保持原位,并联络医院急救中心。

3. 技术错误

运动技术不当或动作不规范可能导致关节或肌肉损伤。例如,错误的举重技术可能导致腰部或膝盖受伤。因此,在进行运动时,我们应该学习并掌握正确的运动技术。我们可以通过请教专业的教练、观看教学视频或者阅读专业书籍等方式,学习正确的运动技术。

4. 肌肉失衡

肌肉力量不平衡可能导致某些肌肉过度紧张,从而引发肌肉损伤。这类问题不一定只出现在运动员身上。因为导致这类肌肉问题的因素包含久坐不动、执行重复动作、遗传等,所以普通人也可能会出现这类问题。例如:有些人整天都在计算机屏幕前弯腰驼背,或者一直坐在汽车里,或者一直低头看手机等,这些人容易出现肌肉失衡问题;有些人一直在执行重复动作,如将健身包一直放在同一个肩膀上,这通常会迫使身体的一侧比另一侧付出更多的努力;如果一个人的母亲和祖母都有背部问题,那么这个人以后可能也会遇到类似的问题。针对肌肉失衡问题,我们可以进行力量和伸展训练,如进行单边练习(即一次训练身体一侧的练习,如单腿臀桥练习、单臂杠铃划船练习等)。

5. 环境因素

运动场地湿滑、不平,运动设备安置不当或者老化,锻炼者拥挤在一起运动等环境因素可能增加运动损伤的风险。另外,空气污浊、噪声大、光线暗淡、气温过高或过低以及运动服装不合要求等主、客观原因,也可能直接或间接造成运动损伤。从主观原因而言,合适的运动装备能够保护我们的身体,减少运动损伤的发生。例如,跑步时,应该选择合适的跑鞋,以减轻对膝关节的冲击;进行力量训练时,应该选择合适的护具,以保护关节和肌肉。此外,在运动时,我们还应该选择舒适度高和透气性好的运动服装。

6. 生理因素

个体的年龄、性别、健康状况等生理因素也会对运动损伤的发生产生影响。例如:由于年龄较小的运动参与者的骨骼和肌肉发育不完全,因此其更容易发生运动损伤;由于女性运动员的关节稳定性相对较差,因此她们也更容易发生运动损伤。

除了上述因素外,个体的心理状态、营养状况、生活习惯等也会对运动损伤的发生产生影响。因此,全面了解和识别可能产生运动损伤的危险因素,采取综合性的预防措施,对于减少运动损伤的发生具有重要意义。

三、运动项目与运动损伤

(一) 田径项目的运动损伤

田径运动是一切运动项目的基础,充分认识田径项目运动损伤发生的规律,可以帮助我们最大限度地减少或避免运动损伤的发生。

田径跑步类运动项目属于体能主导的速度爆发型、心肺耐力型项群,包括短跑、跨栏、中跑、长跑项目。田径跑步类运动项目中常见的运动损伤以开放性软组织损伤和闭合性软组织损伤为主。开放性软组织损伤以擦伤、滑伤、磕伤为主;闭合性软组织损伤分为肌肉损伤和韧带扭伤两种。肌肉损伤是常见的运动损伤,准备活动不充分、运动疲劳、技术动作不正确、用力过猛等均可导致肌肉损伤。肌肉损伤的主要表现是皮下淤血,皮肤压痛明显,肌肉紧张和肢体活动受限,在主动或被动牵拉肌肉时,局部出现疼痛症状。产生韧带扭伤的原因有准备活动不充分、运动疲劳、技术动作不正确等,在剧烈活动时,关节部位的软组织受外力扭转、牵拉,易使关节超越其正常活动范围,进而导致关节周围的软组织受到损伤。

田径跳跃类运动项目属于体能主导类的速度力量型项群,包括远度项目(跳远、三级跳远等)和高度项目(跳高、撑竿跳高等)。田径跳跃类运动项目具有独特的运动要求和运动特点,在训练和比赛过程中极易发生运动损伤。田径跳跃类运动项目一般都由 4 个部分组成,即助跑、起跳、腾空、落地,身体腾空与地面形成反作用力,此时膝关节、脚踝关节及腰腹部成为最大受力点。田径跳跃类运动项目中需要通过膝关节的退让和蹬伸来获得快的起跳速度,发力点都集中于膝关节,这对膝关节产生较大的负荷,久而久之易造成膝关节面的软骨磨损,进而造成膝关节炎、半月板损伤。髌骨既要保护关节的稳定性,又要伸膝发力,髌骨反复磨损易出现髌骨软骨病。因此,田径跳跃类运动项目中受伤最多的部位是膝关节,其次是踝、足、腰。

田径投掷类运动项目是体能主导类快速力量型项群,其项目特征是"以力量为基础,以速度为核心"。运动员综合运用自身能力,通过预加速、最后用力、维持身体平衡等技术动作,将器械投掷到较远的距离。田径投掷类运动项目的运动损伤多为闭合性软组织损伤,以肌肉拉伤和韧带拉伤为主;在经过一段时间的专项训练之后发生的运动损伤较多,而在基础训练阶段发生的运动损伤较少;对于不同的田径投掷类运动项目,运动员易发生运动损伤的部位有所不同,如推铅球项目运动员的损伤部位集中在腰部、膝关节、踝关节、腕关节等,掷铁饼项目运动员的损伤部位集中在腰部、膝关节、肩关节等,掷标枪项目运动员的损伤部位集中在肩、肘、膝、踝等关节，掷链球项目运动员的损伤部位集中在腰部、膝关节、肩关节等。

（二）足球、篮球、排球项目的运动损伤

足球、篮球、排球运动是需要运动员具有高水平技术和综合体能的一项运动。在足球、篮球、排球比赛中，运动员需要以高强度、间歇性、非周期性和不规律的方式，完成大量伴随着技术和战术的爆发性和力量性的身体活动。由于足球、篮球、排球运动本身的难度和强度，从事这些运动项目意味着身体随时可能发生运动损伤。

足球运动损伤主要为下肢损伤，其次为头部、上肢、胸部和腹部损伤。损伤机制主要包括过度使用和急性创伤。胫骨疼痛（小腿疼痛）、髌骨疼痛（膝盖处疼痛）、跟腱炎（足跟附近疼痛）都是常见的过度使用性损伤；腹股沟拉伤、小腿和大腿的肌肉拉伤都是常见的下肢疲劳性损伤。由直接作用于身体上的撞击引起的骨折、软组织的扭伤和拉伤等都属于急性创伤。上述运动损伤严重时需要进行手术治疗。

篮球运动损伤以关节周围软组织损伤较为常见，如踝关节扭伤。膝关节损伤也常为较见，当运动员膝关节处于半屈曲位时，关节的稳定性较差，在半月板向后方伸移时突然过力扭转、膝盖向内或外翻转都会导致半月板内、外侧撕裂。需要注意的是，半月板损伤是一种不可恢复性损伤，需要予以高度的警醒。发生掌指及指间关节损伤的概率仅次于发生膝关节和踝关节损伤的概率。这类损伤主要是由接球时的动作不正确或断球时手指过于紧张伸直、球气过硬等原因造成的。这类损伤在初学者中的发生率较高。

排球运动损伤包含手腕损伤、前臂损伤、肘关节损伤、肩关节损伤、面部损伤、膝关节损伤、踝关节损伤、足部损伤和皮肤损伤等。其中需要重点了解的是肩关节损伤和"跳跃膝"。因为扣球、发球、传球和拦球训练的负荷过大，扣球的挥鞭动作需要运动员有较好的对肩的控制力，突然的发力或者制动都要求运动员具备较强的肌肉力量、较好的柔韧性和较强的耐力，因此当肩袖肌群的力量不足和热身运动不够时容易出现肩关节损伤。在进行排球项目运动时，半蹲位的防守动作和过多的跳跃动作、肱四头肌的重复收缩使得跨越膝关节的伸膝腱膜疲劳，对髌骨附着点的拉伸导致髌骨软骨病与"跳跃膝"的发生。

（三）乒乓球、羽毛球、网球项目的运动损伤

乒乓球、羽毛球、网球运动同属持拍隔网对抗类项群，其运动损伤的类别主要有急性损伤和慢性损伤两类。急性损伤主要包括骨折、扭伤、肌腱断裂；慢性损伤主要是长期过度使用导致的损伤性炎症。

上述损伤主要集中发生在手腕、肩关节、肘关节、膝关节、踝关节、腰背肌肉。例如，在羽毛球运动中，杀、吊、挑、推、扑、勾球时，需要手腕有后伸和外展的动作，因此三角软骨盘不断受到旋转碾挤，从而造成运动损伤；在正手、反手击球或劈吊球时，需要手臂后引，胸舒展，因此在训练时肩关节需要重复进行无数次相关动作，这使得组成腱袖的4块肌肉长时间处于离心超负荷状态，从而引发肩关节损伤。再如，在乒乓球运动中，运动员始终要保持上体前倾的状态，故腰椎的棘上韧带始终保持上体前倾的状态，骶棘肌也长时间处于收缩紧张状态，致使局部发生过度使用性损伤。

（四）板球、棒垒球项目的运动损伤

板球、棒垒球运动都以板、棒打球为主，是一类集体性、对抗性很强的球类运动。板球、棒垒球运动可锻炼手、眼的协调能力，是一项需要上肢动作控制能力、技巧与力量的综合性运动。

棒垒球运动损伤大致分为冲撞损伤、器械损伤以及自身损伤3类。肩部、肘部的损伤最为

常见,其次是腰部、手腕、膝部、踝部的损伤。在棒球比赛中,只有跑满全垒才能得分,这使得进攻方球员会想尽办法推进垒位。在努力推进垒位时,进攻方队员难免会与防守方队员发生身体冲撞。若动作时机把握不当,则进攻方球员可能发生腿部损伤,如胫骨骨折等。从器械因素来看,大部分职业棒球投手的投球时速超过130千米,这大大增加了纵深球出现的概率。由此引发的身体损伤在球场上十分常见,如挫伤、骨折等。在棒球比赛中,球棒断裂后击中队员等意外状况也十分常见。

(五)冰雪类运动项目的运动损伤

冰雪类运动项目需要在低温、复杂地形等严峻环境下进行快速的运动,加之运动员需要进行高难度、复杂的技术动作,使得该项目发生严重的软组织损伤的概率较大。以比较受年轻人喜欢的单板滑雪为例,单板滑雪是目前滑雪场地中最受年轻人欢迎的滑雪项目之一,单板滑雪项目分为竞速类项目和技巧类项目两大类,包括平行大回转、障碍追逐、U形场地技巧、坡面障碍技巧、大跳台等。由于滑雪者摔倒时往往会下意识地伸出双手,因此发生上肢损伤的概率排在第一位,损伤部位集中在腕关节及肩关节,其中舟骨骨折和前臂骨折的伤害尤其常见;发生软组织挫伤、皮肤挫裂伤、脑震荡、肩袖损伤、锁骨骨折、肩锁关节脱位、肘后脱位和尺骨鹰嘴骨折等的概率排在第二位;发生肌肉痉挛、颅脑损伤、冻伤的概率排在第三位;发生踝关节损伤、髌股关节软骨损伤的概率排在第四位。

以冰球运动为例,冰球运动是一项集速度、技术、平衡能力和体能于一身,以冰刀和冰球杆为工具,在冰上进行的对抗性竞技运动,具有高速滑行和剧烈冲撞的特性。冰球运动员在场地内要完成高速滑行、急停转身、加速变向、传接球、控球、争球、击球射门等动作。运动员挥动的球杆、高速滑飞的冰球、锋利的冰刀、规则允许的合理冲撞,都有可能导致运动损伤。由于参赛人员密集、移动快速且频繁、对抗激烈,在历届冬奥会的各项运动中,冰球运动损伤的发生率和严重程度都排在第一位。

(六)新兴运动项目运动损伤

在2020年东京奥运会滑板项目完成了奥运首秀。滑板运动中的损伤多为急性损伤。滑板运动可能导致软组织挫伤、关节扭伤、肌肉韧带拉伤、关节脱位等,严重时还可能导致骨折。因为当人跌倒时,人的本能反应就是用手或肘部撑地,以保护身体或头部,这往往会导致触地部位软组织挫伤,手腕、肘关节韧带扭伤,甚至导致骨折等问题。

2024年巴黎奥运会新项目霹雳舞属于街舞的一种,需要舞者具备较好的柔韧性、灵敏度、耐力体能素质。霹雳舞常见的损伤有肌肉痉挛、肌肉拉伤、关节扭伤。运动损伤主要集中发生在上肢、肩部和腰部,以及下肢及髋关节。例如,在霹雳舞的技术动作中,过猛的扭转动作可使附着在踝关节、膝关节及腰部关节上的韧带和肌腱发生扭伤。

第二节 常见运动损伤及其识别和治疗

一、头、颈部损伤

急性的头、颈部损伤可能会造成终身伤残,甚至危及生命,因此必须竭尽所能减少此类创伤的发生。在发生损伤时,正确地诊断和护理头、颈部损伤也是非常重要的。头、颈部损伤及其识别方法如表 12-1 所示。

表 12-1 头、颈部损伤及其识别方法

部位	伤害	疼痛的类型						疼痛的位置		肿胀	皮肤的颜色			活动时的症状		
		急性发作	逐渐发作	钝痛	阵痛	持续疼痛	负重时疼痛	皮肤表面	皮肤下面		红色	白色	蓝色	肌肉或关节无力	活动范围受限	无法负重
头部	脑震荡	√		√	√			√	√	*	√					
	颅骨骨折	√			√	√			√		√			*	*	
	鼻骨和下颌骨骨折	√		√	√	√		√		√	√					
	耳损伤	√		√	√	√		√	√	*	√					
	眼部损伤	√				√		√								
颈部	颈部扭伤	√				√		*	√						*	

注:√ 代表常见症状;* 代表偶发症状。

(一) 脑震荡

外力撞击头部可能会导致脑震荡,如在美式橄榄球比赛的擒抱和拦截的过程中以及在足球比赛中的顶球过程中运动员都有可能发生脑震荡。当运动员可能发生脑震荡时,应首先评估运动员的意识水平。意识水平通常由格拉斯哥昏迷评分(Glasgow Goma Score,GCS)决定,不同的分数等级对应不同的意识水平,如表 12-2 所示。

表 12-2 格拉斯哥昏迷评分

评分项		分数
睁眼响应	能够完全自发睁眼、闭眼	4
	对口头刺激、命令和语言有响应	3
	只对疼痛有响应(不适用于面部)	2
	没有响应	1
语言响应	思路清晰	5
	语言有点乱,但是能够回答问题	4
	用语不适当	3
	语言混乱,无法理解	2
	没有响应	1
运动响应	服从动作命令	6
	在疼痛的刺激下有目的地做动作	5
	对疼痛有缩回反应	4
	对疼痛有屈曲反应(皮肤无响应)	3
	对疼痛有收缩反应(大脑无响应)	2
	没有响应	1

注:头部损伤分类为重度颅脑损伤,小于或等于 8 分;中度颅脑损伤,9~12 分;轻度颅脑损伤,13~15 分。

脑震荡通常根据两个广泛使用的等级表进行分级:坎图分级等级表和美国神经病学协会等级表。脑震荡在两个等级表中都被分为1到3级。坎图分级等级表基于意识丧失、创伤后失忆症和脑震荡后的症状持续的时间。在1级脑震荡中,运动员意识丧失、创伤后失忆症持续的时间不超过30分钟,脑震荡后的症状持续的时间为15到30分钟。在2级脑震荡中,运动员意识丧失持续的时间不超过5分钟,创伤后失忆症和脑震荡后的症状持续的时间为30分钟到24小时。在3级脑震荡中,运动员意识丧失持续的时间超过5分钟,创伤后失忆症持续的时间超过24小时,脑震荡后的症状持续的时间达7天。

美国神经病学协会等级表基于意识丧失和意识混乱持续的时间,如表12-3所示,根据美国神经病学协会等级表,如果受伤的运动员意识丧失或意识混乱持续的时间在一个小时以上,就要对其进行各项检查,如X射线检查、核磁共振成像检查或者CT检查。即使受伤的运动员未出现意识丧失,也应该对受伤的运动员进行意识混乱或失忆症评估。

表12-3 美国神经病学协会等级表

脑震荡等级	意识丧失持续的时间	意识混乱持续的时间
1级	无	小于15分钟
2级	无	大于15分钟
3级	任何	

在治疗时,需要注意,如果确定运动员颈椎未受到影响,应该将有意识的发生颅脑损伤的运动员置于直立姿势,以降低其颅内压。运动员如果能够坐稳,就应该站起来,然后在别人的帮助下离开球场并前往医院就医。如果怀疑运动员的颈椎受到损伤,则不要取下其防护设备(如垫肩、头盔)或者脱下其衣服,否则可能让颈椎部位发生移动。如果运动员的颈椎受到了影响,应保护运动员的颈部和脊椎,如将其衣服卷起来,沿着其脖子的方向放置,以固定其颈椎,避免其发生移动。如果运动员失去意识,那么要稳固其姿势,并保持其呼吸道的畅通。如果运动员没有呼吸或脉搏,那么要叫救护车,同时进行人工呼吸与心脏按压,以维持其生命体征。如果发现运动员有明显的出血,那么应将止血纱布直接压在出血部位上。如果运动员有大量出血,那么应让运动员躺下并抬高腿部,以让更多的血液回流到心脏。

(二) 颅骨骨折

颅骨骨折可由钝器打击头部、头部着地等原因引起,在接触类运动中很常见。当一个人身体出现深度损伤或裂伤,同时伴有身体疼痛和头痛症状时,其极有可能发生了颅骨骨折。其他颅骨骨折迹象包括眼眶周围出现青肿,眼睛凹陷,耳朵和鼻子出血,耳朵后面肿胀等。鼻子或耳朵流出透明液体则表明可能发生了严重的颅骨骨折,该损伤致使脑脊髓液出现渗漏。

颅骨骨折包括以下类型:①线性骨折,线性骨折是颅骨出现单纯裂缝;②粉碎性骨折,粉碎性骨折是颅骨出现从中心点向外辐射的裂缝;③凹陷性骨折,凹陷性骨折是较为严重的骨折之一,其中骨头碎片分开并且向内陷入。

发生凹陷性颅骨骨折时,一般需要做神经外科手术。发生这种骨折的运动员可能需要吸氧,服用抗惊厥药物和渗透性利尿剂。

(三) 鼻骨和下颌骨骨折

鼻骨和颌骨骨折在接触类体育运动中很常见，由脸部遭到直接的有力打击导致。例如，在篮球运动中，双方球员抢篮板时，一方球员的肘部击中另一方球员的鼻部可能会导致被击中球员的鼻骨骨折。鼻骨骨折时通常会出现鼻子位移性畸形。发生下颌骨骨折（下巴骨折）的运动员会感到下巴疼痛和肿胀、张嘴困难。

鼻骨骨折的初步治疗是控制出血、吸出异物、调整身体姿势，以保持呼吸道畅通。如果鼻骨骨折没有伴随颅骨或颈部骨折，那么在受伤时运动员的身体应该向前倾以避免血液流入喉咙。当运动员丧失意识时，应首先固定其颈部，因为鼻骨骨折通常会伴随头后部和颈椎受伤。若鼻子流出透明液体，那么这表明可能发生了较为特殊的情况，此时不应随意处理；若未出现这种情况，那么应采取措施控制出血，比如掐住鼻孔，同时用冰袋冰敷受伤部位，以减少血液流向该部位，减轻该部位的肿胀。下颌骨骨折的初步治疗是保持呼吸道畅通和包扎伤口，应该使用宽带子（如领带等）支撑和固定下巴，将宽带子从下巴绕过头顶并把带子围绕头部一圈，最后在耳朵上方打结。

(四) 耳损伤

耳朵受到钝性外伤或者被用力拉扯可能会导致所谓的"菜花耳"，它是由耳朵血肿或者外耳积血造成的，这种损伤最常见于摔跤运动，有时也被称为"摔跤耳"。"菜花耳"是由钙化血肿引起的、形状不固定的、略带紫色的块状物，聚集在外耳，可能导致局部轻度到中度的不适。治疗时必须切开清除耳朵中的块状物或血凝块，手术可以在局部麻醉下完成。

(五) 眼部损伤

眼部损伤通常是由外力引起的。发生结膜下出血时，运动员的眼睛可能会布满血丝。比结膜下出血更严重的眼睛损伤包括异物进入眼睛和眼睛被刺伤，此时运动员可能会感到眼睛灼热、疼痛。结膜下出血一般无须治疗，在2周内会自行消退。如果发现眼睛里存在异物，则应该闭上受伤的眼睛，然后去医院让眼科医生进行检查评估。

(六) 颈部扭伤

颈部扭伤通常是稳定的颈部软组织损伤，由急性外力导致。患者通常会感到颈部疼痛，同时经常会出现颈部肌肉痉挛症状，但是颈部通常能够进行全范围活动。大多数颈部扭伤都是自限性损伤。在几天之后症状就会自然消失，可使用镇痛药和消炎药物治疗疼痛。颈部扭伤时不应该有颈部刺痛、麻木或胳膊无力的感觉，而且颈部疼痛不应该辐射到一侧或两侧的手臂，如果出现以上情况，应进行X射线检查、CT检查或核磁共振成像检查。

二、肩部损伤

广义的肩关节由6个关节组成，即肩肱关节（盂肱关节）、第二肩关节、肩锁关节、胸锁关节、喙突锁骨间机制（喙锁关节）、肩胛胸廓关节。它们彼此独立，相互协调配合，某个关节异常会影响整个肩部的功能。直接创伤和过度使用会导致肩部损伤。运动中常见的肩部损伤及其识别方法如表12-4所示。

表 12-4 运动中常见的肩部损伤及其识别方法

部位	伤害	疼痛的类型						疼痛的位置		肿胀	皮肤的颜色			活动时的症状		
		急性发作	逐渐发作	钝痛	阵痛	持续疼痛	负重时疼痛	皮肤表面	皮肤下面		红色	白色	蓝色	肌肉或关节无力	活动范围受限	无法负重
肩部	锁骨骨折	√			√	√		*	√	*	√			*	√	
	肩关节脱位	√	*	√	√				√						√	
	肩关节半脱位	*	*	*		*		*	√						*	
	肩袖撕裂		√	√		*			√					√	√	

注：√代表常见症状；*代表偶发症状。

（一）锁骨骨折

锁骨骨折是碰撞类或接触类体育运动中常见的骨折，如常见于摔跤、曲棍球、冰球等运动项目中。这些损伤通常发生在身体接触过程中。如果怀疑运动员发生锁骨骨折，那么要让运动员受伤的一侧胳膊靠在身体上保持不动，让医生对运动员进行评估或者对运动员进行 X 射线检查。锁骨骨折治疗的方法包括使用 8 字形支架或简单的吊带固定等方式。根据需要可通过冰敷和口服非处方止痛药物的方式来缓解锁骨骨折疼痛。

（二）肩关节脱位

多数肩关节脱位都是在手臂伸直或举过头顶的情况下，由肩膀前部受到撞击造成的。当运动员的手臂停止而身体继续前进时，身体会在肩关节形成巨大的力量，从而造成肩关节脱位。例如，游泳、排球或棒球运动员长期进行投掷动作，容易发生此类损伤。在发生急性肩关节脱位时，需要固定患者的手臂和肩部，然后将其送医。肩关节成功复位后，需要在第一时间用吊带或支架固定手臂和肩膀，且保持 3~4 周，直至肩关节充分痊愈。

（三）肩关节半脱位

肱骨头从肩关节窝部分滑出就会导致肩关节半脱位。长时间重复使用肩关节囊和盂肱韧带会导致它们松弛，不能恰当地稳定关节，从而造成肩关节半脱位。对于第一次由外力造成的肩关节半脱位，需要使用吊带或者肩部支撑固定，让受伤的肩结构痊愈。对于由反复做过顶动作或投掷动作导致的肩关节半脱位，通常不需要固定，运动员在恢复前应避免再次做过顶动作或者投掷动作。冰敷、口服消炎药和物理治疗都可以帮助减轻疼痛和炎症反应。

（四）肩袖撕裂

肩袖反复出现炎症或反复刺激肩袖，可能引起肩袖撕裂。肩袖撕裂通常发生在肌腱的外层接近肱骨附着点处，肩袖的冈上肌肌腱是最常撕裂的肌腱。肩袖撕裂一般多见于长期参与涉及反复使用肩袖关节的体育运动，例如，网球运动员、游泳运动员、排球运动员或投掷类运动员较易出现该类损伤。大多数发生肩袖撕裂的运动员都采取保守的治疗方法（即采取适当休息的方式）来减轻疼痛和炎症反应。

三、肘、臂部损伤

在进行棒球、高尔夫球、网球、壁球和排球等运动时,肘关节的内侧、外侧和后侧会遭受拉伸、压缩、切变和扭转作用力,导致肘关节重复拉伸,从而导致肘关节损伤。运动中常见的肘、臂部损伤及其识别方法如表 12-5 所示。

表 12-5 运动中常见的肘、臂部损伤及其识别方法

部位	伤害	疼痛的类型						疼痛的位置		肿胀	皮肤的颜色			活动时的症状		
		急性发作	逐渐发作	钝痛	阵痛	持续疼痛	负重时疼痛	皮肤表面	皮肤下面		红色	白色	蓝色	肌肉或关节无力	活动范围受限	无法负重
肘、臂部	网球肘	√		*	*		*	√	*					*		
	高尔夫球肘	√	√	√	*			√						*		

注:√代表常见症状;*代表偶发症状。

(一)网球肘

网球肘即肱骨外上髁炎,肱骨外上髁在肱骨下端外侧,是多条伸腕、伸指的肌群总腱和旋后肌的起始处。手腕或前臂运动过度可使肌腱起始处劳损或扭伤,部分肌纤维断裂、出血、粘连,从而引起局部疼痛、肌肉痉挛,疼痛沿桡侧伸腕肌向前臂放射。需要注意的是,一个人即便不运动也可能发生该损伤,例如,经常握持重物重复做前臂的旋转动作的家务劳动者或木匠等也易发生该损伤。

轻度网球肘的症状与典型的扭伤和拉伤一样,其通过适当休息和口服非处方药物的方式可痊愈,恢复期约为 3~6 周;中度网球肘需要休养以及进行物理治疗、抗阻肘部支撑训练、体外冲击波治疗等,恢复期约为 3~6 个月;重度网球肘需要进行核磁共振成像检查,如有异常需要进行手术治疗。

(二)高尔夫球肘

高尔夫球肘即内上髁炎。例如,在进行棒球、网球等运动时,内上髁肌腱会反复受到应力,从而造成该运动损伤。在出现该运动损伤后,技术动作不正确和运动装备不适合会加重身体的疼痛症状。例如,如果高尔夫球球杆的拍柄太小,那么过大的握拍力可能导致腕屈肌受力增加,从而增加肘部肌腱受到的应力。急性高尔夫球肘的治疗方法侧重于遵循 PRICE 原则。

四、手腕、手指损伤

手腕损伤包括腕关节扭伤、腕关节骨折和腕肌腱炎等。外伤比较容易导致腕关节损伤,如跌倒时手掌撑地、腕部活动不当、暴力直接打击腕部等;腕关节负荷过重、活动过于频繁等也可导致腕关节劳损。常见的手指、手腕损伤及其识别方法如表 12-6 所示。

表 12-6 常见的手腕、手指损伤及其识别方法

部位	伤害	疼痛的类型						疼痛的位置		肿胀	皮肤的颜色			活动时的症状		
		急性发作	逐渐发作	钝痛	阵痛	持续疼痛	负重时疼痛	皮肤表面	皮肤下面		红色	白色	蓝色	肌肉或关节无力	活动范围受限	无法负重
手腕、手指	腕关节骨折	√			√	√			√	√				√	√	
	腕关节扭伤	√				√			√	*				√		
	腕肌腱炎		√			√			√	*				√		
	手指扭伤	√		*	*	*			√	*					*	

注：√代表常见症状；*代表偶发症状。

（一）腕关节骨折

桡骨远端骨折是最常见的腕关节骨折，一般是外力所致的急性损伤，在滑冰、轮滑、滑板运动中常见。如果怀疑发生腕关节骨折，那么要保护好手腕，避免受伤部位进行剧烈运动，并尽快就医。在此过程中，冰敷能够缓解疼痛。需要注意的是，不可以直接将冰块或者装有冰块的袋子直接接触皮肤，以免冻伤，在冰敷时可以用薄纱布或薄毛巾包裹冰块和装有冰块的袋子。

（二）腕关节扭伤

过度使用或外力通常会造成腕部扭伤，长期从事体操练习和经常做投篮动作的运动员常出现这类损伤。手腕部位一共有8块腕骨，它们排成两排，腕关节扭伤可能会导致一块或多块骨头过度活动，导致在进行相关动作时疼痛明显。轻微的扭伤通常休息几天到两周就能痊愈，严重的扭伤会导致关节不稳定，在发生急性损伤时需要用夹板固定受伤部位并及时送医。在紧急处理腕关节扭伤时，可以采用冰敷的方式治疗，冰敷5~7分钟即可充分冷却皮肤，从而减轻疼痛和肿胀。

（三）腕肌腱炎

手腕的背面有6个独立的筋膜室，每个筋膜室都有自己的滑液鞘。滑液鞘提供润滑的作用，以避免骨头和其他肌腱发生摩擦。滑液鞘发炎会导致积液，造成肌腱炎。长期重复性地使用手腕，可能会导致肌腱内部肿胀，手腕部位疼痛明显。在治疗肌腱炎时，需要通过休息来缓解手腕过度活动的情况，冰敷和按摩也可以减轻肿胀，必要时还可以使用消炎药物（遵医嘱）。

（四）手指扭伤

体育运动中很常见的手部损伤便是手指扭伤，最常扭伤的韧带是顺着关节延伸的侧副韧带。手指扭伤可引起手指肿胀、活动受限和疼痛。手指侧副韧带扭伤时，可采用绷带将受伤的手指与相邻的手指缠在一起，保护受伤关节。

五、胸、腹部损伤

在日常运动中，胸部和腹部的损伤比较少见，但该类损伤一旦发生往往非常严重。参与体

育运动的师生都应该会识别可能危及脏器的运动损伤,从而在发生运动损伤时能够迅速、高效地作出反应,以免造成更大的损失。运动中常见的胸、腹部损伤及其识别方法如表12-7所示。

表12-7 运动中常见的胸、腹部损伤及其识别方法

部位	伤害	疼痛的类型						疼痛的位置		肿胀	皮肤的颜色			活动时的症状		
		急性发作	逐渐发作	钝痛	阵痛	持续疼痛	负重时疼痛	皮肤表面	皮肤下面		红色	白色	蓝色	肌肉或关节无力	活动范围受限	无法负重
胸、腹部	肋骨骨折	√			*	*	*	√	√	*	*		*			
	肋软骨炎	*	*	√	√	√			√							
	膀胱、肾或输尿管损伤	*	*	√	*	*	*		√							

注:√代表常见症状;*代表偶发症状。

(一)肋骨骨折

直接撞击(如运动中的两个运动员相撞等)可能会导致肋骨骨折。发生肋骨骨折时,运动员会感到骨折处疼痛,在深呼吸时这种疼痛感尤为明显。触诊有压痛,运动员的浅呼吸增多,此时运动员的深呼吸能够给肋骨骨折部位一些轻微的压迫,从而缓解疼痛。严重的肋骨骨折会导致"连枷胸"。如果运动员出现呼吸急促、呼吸变浅、心率升高、呼吸困难或咳血,则有必要怀疑其可能出现了"连枷胸",此时通常建议采取健侧卧位,在特殊情况下也可在医护人员的指导下短期采取仰卧位或患侧卧位,并等待专业的诊疗。肋骨骨折一般需要3~8周才能痊愈,部分人需要3个月或者更长的时间才能痊愈。在恢复期间,运动员应避免剧烈活动,不要磕碰受伤的肋骨,同时注意每天深呼吸的次数,保护肺部免受感染。

(二)肋软骨炎

肋软骨炎很常见,通常先是胸部出现间歇性的尖锐刺痛,然后是胸部隐隐作痛数小时或数天,深呼吸、拉伸扭转和扭动通常会让症状加剧。肋软骨炎的发病原因是假肋肋软骨前端过度活动。肋骨的过度活动通常由需要上肢做大量舞动动作的体育运动或直接碰撞导致。过度活动通常会导致受影响的肋骨在上方相邻的肋骨下滑动,这可导致肋间神经受到刺激、肋间肌肉拉伤、下部肋骨软骨扭伤等。在大多数情况下,肋软骨炎通常采用保守的治疗方法,比如热敷或遵医嘱使用消炎药。

(三)膀胱、肾或输尿管损伤

对于最轻微的膀胱、肾或输尿管损伤,需要休息,以让身体痊愈,恢复期通常为4~6周,在恢复期间需要重复进行血液和尿液检查,以确保病情稳定,不需要进行特别的治疗。如果损伤导致了内部撕裂,则需要进行手术治疗。

六、下腰背损伤

下腰背包括下部腰椎、腰骶区、骶髂区。造成下腰背疼痛的原因多样,它可能与急性韧带

损伤或肌肉劳损有关,或可能与慢性的骨关节炎或腰骶区强直性脊柱炎有关,或可能与腰椎间盘突出或腰椎管狭窄等有关。运动中常见的下腰背损伤及其识别方法如表 12-8 所示。

表 12-8　运动中常见的下腰背损伤及其识别方法

部位	伤害	疼痛的类型						疼痛的位置		肿胀	皮肤的颜色			活动时的症状		
		急性发作	逐渐发作	钝痛	阵痛	持续疼痛	负重时疼痛	皮肤表面	皮肤下面		红色	白色	蓝色	肌肉或关节无力	活动范围受限	无法负重
下腰背	腰椎及胸椎部位挫伤	√	√	*		*			√	*	*		*			
	腰椎扭伤或拉伤	√		*	√	*	*		√							
	椎间盘突出	√			√	√	*		√					*	*	*
	骶髂关节功能障碍		√	*		*	*		√							

注:√代表常见症状;*代表偶发症状。

(一) 腰椎及胸椎部位挫伤

在体育运动当中,挫伤是非常常见的运动损伤,腰椎及胸椎部位挫伤往往发生在接触类体育运动(如拳击、跆拳道或武术等运动)中。挫伤产生的疼痛大约在 24 小时后到达顶峰,局部疼痛会在未来数天内逐渐加重。如果发生挫伤,那么在初步治疗时需要进行冰敷和使用消炎药物。如果压痛在几天内没有消退,那么应该考虑前往医院进行进一步的评估,如进行 X 射线检查或其他医学影像检查等,因为挫伤也可能引起严重的损伤。

(二) 腰椎扭伤或拉伤

扭伤是过度拉伸韧带引起的韧带损伤。拉伤是过度拉伸导致肌肉纤维撕裂而引起的肌肉损伤。扭伤和拉伤引起的疼痛是组织受力超出其柔韧范围的结果。腰椎扭伤或拉伤几乎可以发生在所有的体育运动中,其在 24 小时之内的疼痛感较为明显,最常见的症状是下腰背疼痛、僵硬和痉挛,疼痛偶尔辐射到臀部,这种辐射痛被称为牵扯性痛。在初步治疗时可以每日冰敷疼痛部位 3~4 次,两次冰敷要有时间间隔,如冰敷 3~5 分钟,停 1~3 分钟后再进行第二次冰敷。一个冰敷疗程为 30~60 分钟。除此之外,还可以通过物理治疗、正骨推拿、脊椎指压治疗和针灸等方法来治疗腰椎扭伤或拉伤,以加快恢复过程。

(三) 椎间盘突出

椎间盘突出在网球、高尔夫球、棒球运动,以及需要身体极度前弯的体育项目(如瑜伽和体操运动)中很常见。椎间盘由纤维环和髓核构成,其中纤维环是纤维物质边缘,髓核是凝胶状物质的中心部位。椎间盘充当减震器,防止椎体发生骨对骨的直接接触。纤维环破裂使得髓核的凝胶状物质引起纤维环鼓包或者从纤维环渗出,从而导致椎间盘突出(如图 12-1 所示)。椎间盘突出的典型症状是腰部疼痛,下肢麻木无力并出现放射性疼痛。在初步治疗时,医生一一般建议患者进行短暂的休息或口服温和的止痛药、消炎药。如果上述方法不能缓解症状,那么医生可能会建议口服类固醇以减轻神经根炎,也可能开肌肉松弛剂和止痛剂来控制疼痛,或者对患者进行物理治疗,如牵引。如果患者想继续进行体育运动,则其还需要进行以伸展训练为基础的物理治疗,以减少椎间盘的压力,而且要逐步增加腰部及下背部的力量和伸展训练。

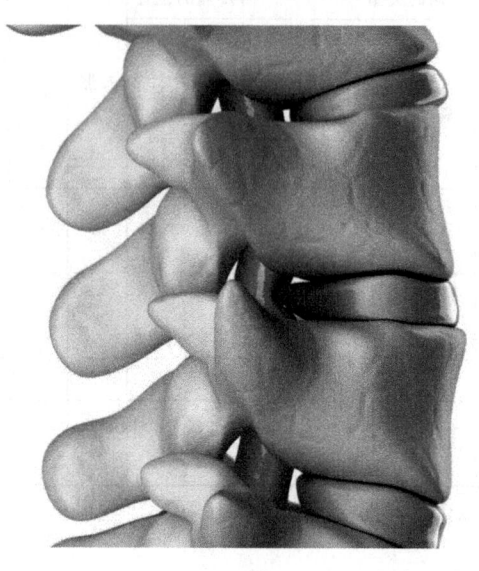

图 12-1　椎间盘突出示意图

(四) 骶髂关节功能障碍

骶髂关节由骶骨和髂骨关节构成,虽然骶髂关节不是腰椎的一部分,但是骶髂关节引起的疼痛可能非常类似于腰椎综合征引起的疼痛。骶髂关节功能障碍由髂骨上的骶骨位置变化引起。诱发骶髂关节功能障碍的原因是连接到骨盆的肌肉不平衡、关节韧带损伤、骶骨或骨盆骨折。因此,在涉及大量跳跃、弯曲、拉伸和扭转动作的运动(如田径跳远运动、三级跳远运动、体操运动)中都有可能发生这类损伤。对于患有骶髂关节功能障碍的运动员,一般其臀部上方会有压痛,疼痛会放射到下臀部大腿和小腿。长时间的站立、静坐、床上侧卧等都会导致疼痛加剧。初步治疗方法是进行休息和遵医嘱使用止疼药、消炎药。有资质的医生(如骨科医生、按摩师或者理疗师)对患者进行关节推拿治疗有助于纠正患者肌肉不平衡的问题,缓解其不适症状。此外,拉伸附着在骨盆的肌肉以及加强骨盆底、腹部、腰部和腿部的肌肉力量也对治疗骶髂关节功能障碍有所帮助。

七、髋部损伤

髋部(腹股沟部位)是躯干与腿相连接的部位,可以使个体的躯干和腿向前、后及侧面自主运动。由于髋部是一系列机体运动的中心,因此其容易因使用过度而出现损伤。运动中常见的髋部损伤及其识别方法如表 12-9 所示。

表12-9 运动中常见的髋部损伤及其识别方法

部位	伤害	疼痛的类型						疼痛的位置		肿胀	皮肤的颜色			活动时的症状		
		急性发作	逐渐发作	钝痛	阵痛	持续疼痛	负重时疼痛	皮肤表面	皮肤下面		红色	白色	蓝色	肌肉或关节无力	活动范围受限	无法负重
髋部	内收肌肌腱炎		√	*			*		√					*		
	髋关节滑囊炎	*	*	*	*	*	*		√	√	*					
	内收肌拉伤	√		*	*	*	*		√							
	髋关节弹响综合征		√			*	*		√							

注：√代表常见症状；*代表偶发症状。

(一) 内收肌肌腱炎

内收肌肌腱炎是一种与髋关节内收肌起点反复拉伤相关的慢性损伤。发生该损伤的原因是肌肉起点的轻微撕裂不足以引起出血，因此没有触发愈合过程，从而导致损伤慢慢加重。下肢肌腱炎在运动中非常常见，这是因为在许多体育运动中下肢受到了较大的张力。对于内收肌肌腱炎，传统治疗方法一般采用物理治疗方法，通常包括按摩、拉伸、经皮神经电刺激疗法和主动加强髋关节周围肌群的力量训练等。

(二) 髋关节滑囊炎

在进行体育活动期间，肢体姿势的变化，让滑囊受到异常压力，从而对髋关节造成刺激，导致髋关节滑囊炎。髋关节滑囊炎在长跑运动中非常常见。髋关节滑囊炎的最常见症状是大腿外侧疼痛并且疼痛向下放射到膝盖外侧。夜间疼痛明显，在行走、跑步或攀爬等活动中疼痛也会加剧。休息、局部热敷和超声波治疗能够减轻疼痛和促进周围组织的伸展。与此同时，进行拉伸运动以及进行纠正肌肉力量失衡和双腿长度差异问题的物理治疗也可以帮助减轻疼痛。为了减轻疼痛，医生可能还会建议口服止痛药物、消炎药物或注射类固醇等。

(三) 内收肌拉伤

内收肌拉伤在所有体育运动中都可能会发生，特别是在冰上曲棍球和足球运动中非常常见。该损伤通常发生在大腿外旋和髋部外展动作内收肌群突然收缩时。与此同时，髋关节肌肉的无力和力量失衡、柔韧性差等问题和曾经的受伤史均会导致该损伤发生。在发生内收肌拉伤时，首先应遵循 PRICE 原则进行处理，然后应进行休息，以减少运动可能造成的二次损伤，休息时间在一周左右。一旦疼痛减轻，运动员就可以开始等距训练，然后逐步过渡到等张训练。在恢复的整个过程中，均需要使用冰敷治疗、电刺激治疗（遵医嘱）并进行拉伸运动，拉伸的主要目的是保持肌肉的柔韧性和消除疼痛。

(四) 髋关节弹响综合征

髋关节弹响综合征经常出现在跑步运动员、铁人三项运动员和舞者等身上，偶尔也出现在业余运动员身上。这些患者的髋关节部位的肌腱快速滑过骨突时会发出典型的"啪"声。"啪"声通常是在髂胫束经过大粗隆时出现的。能导致髋关节弹响综合征的因素包括髋关节内的髋白盂唇撕裂、髂腰肌肌腱在髂耻隆突上方断裂和关节内游离体形成弓弦效应。关节内弹响很有可能会引起步态异常和负重疼痛。检查是否患有髋关节弹响综合征的方法是保持内收姿势并旋转髋部,感觉髂胫束从大粗隆滑过时发出的弹响;从屈曲姿势开始,伸展髋部,让髂腰肌肌腱从髂耻隆突划过,这也可能引起弹响。髋关节弹响综合征的治疗重点是伸展髋外展肌、内收肌、髋屈肌和髂胫束。

八、大腿损伤

大腿是指下肢从臀部到膝盖的这一段,也叫股,与膝盖连接。股骨是重要的大腿骨,其周围包绕着筋膜(结缔组织膜)以及被筋膜分隔成 3 个主要间室的大腿肌群。内侧间室含有内收肌,后间室含有腘绳肌,前间室含有股四头肌。运动中常见的大腿损伤及其识别方法如表 12-10 所示。

表 12-10 运动中常见的大腿损伤及其识别方法

部位	伤害	疼痛的类型						疼痛的位置		肿胀	皮肤的颜色			活动时的症状		
		急性发作	逐渐发作	钝痛	阵痛	持续疼痛	负重时疼痛	皮肤表面	皮肤下面		红色	白色	蓝色	肌肉或关节无力	活动范围受限	无法负重
大腿	腘绳肌肌腱拉伤	√		*			√		√	*				√	*	
	股四头肌挫伤	√		√	√	*	√		√	*	*		*	*	*	
	股四头肌拉伤	√			√	*	√		√	*				*	*	

注:√代表常见症状;*代表偶发症状。

(一)腘绳肌肌腱拉伤

腘绳肌肌腱拉伤在体育运动中非常常见,尤其是在需要快速加速和急速转向的体育运动(如短跑、足球等运动)中。腘绳肌肌群包括 3 种不同的肌肉,即股二头肌、半腱肌和半膜肌。该肌群经过髋关节和膝关节,腘绳肌肌腱拉伤通常发生在肌腱交界处,在腘绳肌肌群的 3 种肌肉中股二头肌最容易受伤。热身运动不足、疲劳、肌肉协调性差、骨盆过度倾斜和股四头肌的肌肉力量不平衡均可能会导致该损伤的发生。治疗的第一阶段的目标是减少局部出血,减轻肿胀、疼痛和炎症反应,采用 PRICE 原则,让患者避免在山坡、坡道、楼梯和不平整表面上活动;治疗的第二阶段是在受伤后的 1 周左右,可采用电刺激、被动活动范围训练、肌筋膜放松及等距训练等治疗手段;第三阶段是重塑阶段,是在受伤后的 1~6 周,需要进行无痛静态拉伸和增强力量锻炼,其中力量训练以恒速、恒重的向心训练为主。

(二)股四头肌挫伤

挫伤通常分为轻度挫伤、中度挫伤和重度挫伤 3 类。一般在受伤 24 到 48 小时后才能对股四头肌挫伤进行分类,此时肿胀和血肿已稳定下来,股四头肌挫伤分类基于膝关节的活动范围和体检结果。发生轻度股四头肌挫伤时,膝关节屈曲角度大于 90°,有轻度压痛;发生中度股四头肌挫伤时,膝关节屈曲角度为 45°~90°,大腿的压痛面积较大;发生重度股四头肌挫伤时,膝关节屈曲角度小于 45°,有明显的肿胀,此时股四头肌在收缩时会出现疼痛症状。早治疗、早干预是快速重返体育赛场和减少并发症的关键。患者在发生股四头肌挫伤时可以在该部位使用护具或者缠绕绷带,以起到固定保护的作用,在受伤 24 小时后可以进行电刺激治疗和被动无痛股四头肌拉伸运动。

(三) 股四头肌拉伸

股四头肌由位于大腿前侧的 4 块肌肉组成。股四头肌拉伤常见于田径类运动中。股四头肌拉伤一般发生在肌腱交界处。一级拉伤:发生轻微的肌肉纤维撕裂。二级拉伤:发生较严重的肌肉纤维撕裂并伴随出血。三级拉伤:肌腱交界处完全撕裂。腹直肌经常发生拉伤,其次是股中间肌和股外侧肌。一旦运动员的治疗阶段达到无疼痛活动阶段,其就可以开始完全伸展等训练,并可以将训练升级到膝关节 90°屈曲训练。在训练早期应该避免进行直腿抬高训练,因为这会给骨质肌带来巨大的压力。针灸不仅有助于减轻疼痛和肿胀,还能让运动员恢复得更快。在康复的最后阶段,可加入力量吸收和产生训练。

九、膝部损伤

膝关节是全身最大的关节之一,同时它的外形决定了它不是一个十分稳定的关节,因此膝关节的韧带结构在保持膝关节的正常功能和稳定性方面起很大的作用。膝关节的主要功能为负重和屈伸。在体育活动中,膝部的韧带和半月板的损伤最为常见,识别损伤有助于人们较快地处理和恢复损伤。运动中膝部常见的损伤及其识别方法如表 12-11 所示。

表 12-11 运动中膝部常见的损伤及其识别方法

部位	伤害	疼痛的类型						疼痛的位置		肿胀	皮肤的颜色			活动时的症状		
		急性发作	逐渐发作	钝痛	阵痛	持续疼痛	负重时疼痛	皮肤表面	皮肤下面		红色	白色	蓝色	肌肉或关节无力	活动范围受限	无法负重
膝部	髌骨关节疼痛		√	*	*	*	√		√	*				*		
	髂胫束综合征		√			*	*		√							
	半月板撕裂	*	*	√			√		√						*	*
	前交叉韧带撕裂	√					√		√	√	√					
	外侧副韧带撕裂	√				*	*		√	√						
	髌骨肌腱炎	*	*	*		*	√		√	*						

注:√代表常见症状;*代表偶发症状。

(一) 髌骨关节疼痛

髌骨关节疼痛(如图 12-2 所示)也称为膝盖尖疼痛,是膝关节中最常见的疼痛,而且与在体育运动中过度使用的关系最紧密。患者屈曲膝关节(如坐下、爬楼梯和开车)会导致疼痛加剧。大多数的髌骨关节疼痛都不需要进行手术治疗,非手术治疗方法包括增加肌肉的柔韧性和加强股四头肌和腘绳肌的力量训练等,专业医师还会建议患者进行超声波和电刺激治疗。当出现肿胀时,要先遵医嘱使用消炎药物消肿。在康复期间应避免锁定膝盖,避免做任何极端的弯曲动作(如盘腿、下跪或者下蹲等动作)。

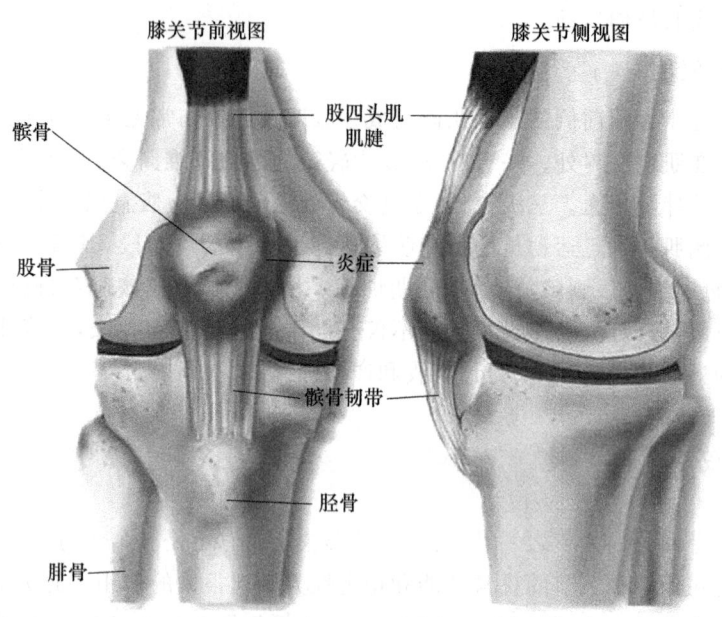

图12-2 髌骨关节疼痛示意图

(二) 髂胫束综合征

髂胫束综合征往往与过度使用膝关节有关,常见于跑步、自行车铁人三项等运动项目中。疼痛局限于髂胫束在膝盖外侧的部位,膝盖的其余部位可能没有症状。通常患者在训练的过程中能够感到疼痛,可能无法继续运动。在出现髂胫束综合征时患者需要休息,减少或停止运动并配合物理治疗,如进行超声波和电刺激治疗。

(三) 半月板撕裂

半月板撕裂(如图12-3所示)在篮球、美式橄榄球、足球和田径跳跃类运动项目中比较常见。当半月板撕裂时,患者的受损部位会出现疼痛和轻微肿胀现象,且任何旋转腿部的动作或极端的运动都会加剧该部位的疼痛。当半月板撕裂时,患者往往很难继续参与体育运动,并且很有可能会丧失活动能力。在少数情况下,非手术治疗能够取得很好的效果,但是在大多数情况下都需要进行手术治疗,恢复时间在6周及以上。

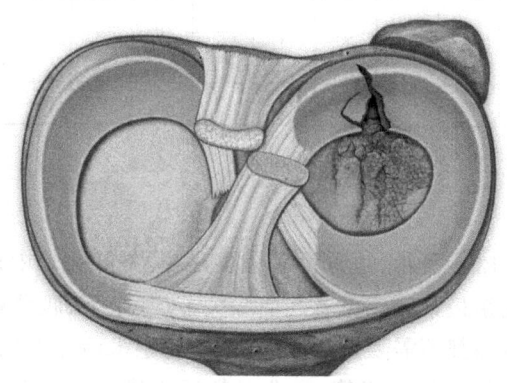

图12-3 半月板撕裂示意图

(四)前交叉韧带撕裂

前交叉韧带撕裂(如图12-4所示)最常发生在非接触性体育运动(如足球、篮球、美式橄榄球等运动)中。在大多数前交叉韧带撕裂时,人们能够听到或感觉到"噗"的一声,膝关节在出现疼痛症状后不久就会肿胀。诊断前交叉韧带损伤的方法是进行拉赫曼测试,该测试是评估膝关节在屈曲30°下的前交叉韧带松弛,并将其与未受伤的膝关节进行对比。另外,还需要评估患者内侧、外侧和后侧韧带的活动范围。在发生前交叉韧带撕裂时,非手术治疗一般是在医生的建议下进行的,以恢复活动范围、减轻肿胀和恢复力量。但是在大多数情况下,前交叉韧带撕裂都是需要进行手术治疗的。在进行手术治疗之后,患者仍然需要配合物理治疗和力量训练,直到受伤的膝关节力量恢复至另一侧膝关节的90%以上。

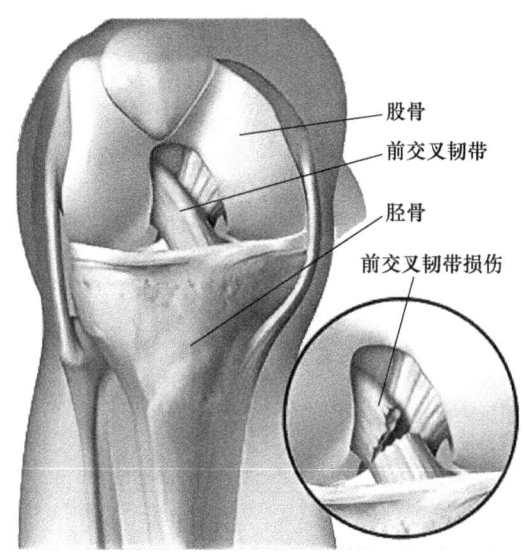

图12-4 前交叉韧带撕裂示意图

(五)外侧副韧带撕裂

外侧副韧带的结构如图12-5所示。外侧副韧带撕裂的原因往往是膝关节受到从内侧转向外侧的外力。孤立的外侧副韧带撕裂可以采取非手术治疗方法进行康复。如果涉及多韧带损伤,则可能需要进行手术治疗。对于轻微的外侧副韧带撕裂,应该立即在局部开始主动和被动的活动范围训练。对于严重的孤立的外侧副韧带撕裂,有必要使用一段时间的膝关节护具,以帮助韧带愈合。

(六)髌骨肌腱炎

髌骨肌的结构如图12-6所示。髌骨肌腱炎又称为"跳跃膝",与过度使用有关。当发生髌骨肌腱炎时,通常患者髌骨下部的髌腱近端会出现局部疼痛症状,在跑步和跳跃时该疼痛加重。大多数髌骨肌腱炎通过股四头肌的拉伸和力量的加强以及冰敷、按摩都能够得到缓解。

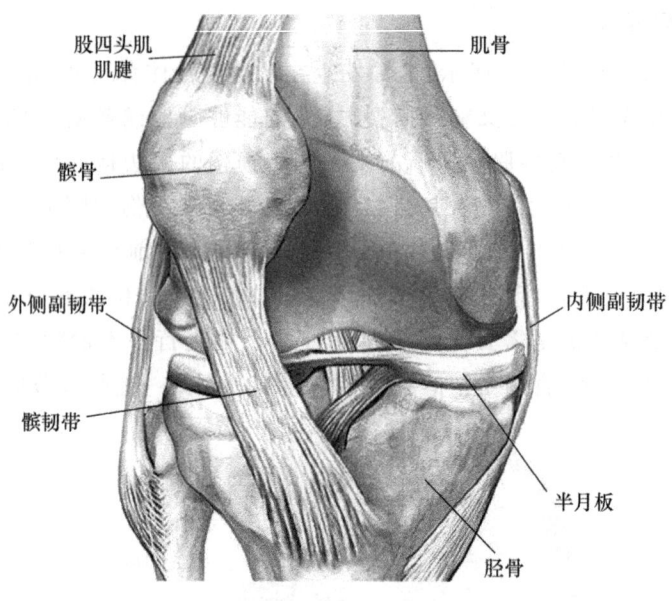

图 12-5　外侧副韧带的结构示意图

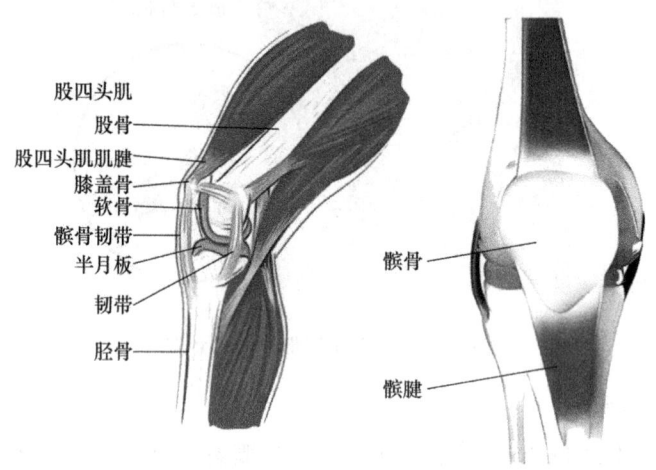

图 12-6　髌骨肌的结构示意图

十、小腿、足踝部损伤

小腿外侧骨筋膜鞘内有小腿外侧群肌和腓浅神经等。小腿前骨筋膜鞘内有小腿前群肌，包括第 3 腓骨肌、胫前动脉、胫前静脉及腓深神经等。踝关节由胫骨、腓骨下端的关节面与距骨滑车构成。胫骨的下关节面及内、外踝关节面共同形成关节窝，容纳距骨滑车（关节头）。由于滑车关节面前宽后窄，因此当足背屈时，较宽的前部进入窝内，踝关节稳定；而当跖屈（如走下坡路时）时，滑车较窄的后部进入窝内，踝关节松动且能做侧方运动，踝关节容易发生扭伤。运动中常见的小腿、足踝部损伤及其识别方法如表 12-12 所示。

表 12-12　运动中常见的小腿、足踝部损伤及其识别方法

部位	伤害	疼痛的类型						疼痛的位置		肿胀	皮肤的颜色			活动时的症状		
		急性发作	逐渐发作	钝痛	阵痛	持续疼痛	负重时疼痛	皮肤表面	皮肤下面		红色	白色	蓝色	肌肉或关节无力	活动范围受限	无法负重
小腿、足踝部	胫骨骨膜炎	*	*	√	√	√			√							
	跟腱炎	*	*	*		*	√		√	*					*	*
	踝关节扭伤	√			*	*			√	√						*
	踝关节骨折	√			√	√			√	√				√	√	√
	足底筋膜炎		√			√	√		√							*

注：√代表常见症状；*代表偶发症状。

（一）胫骨骨膜炎

胫骨骨膜炎是由胫骨周围组织的骨膜袖发炎引起的。这种类型的损伤经常发生在跑步或其他重复性心肺活动当中，胫骨骨膜炎的治疗涉及训练目标和训练计划的改变，因为当出现胫骨骨膜炎时，患者需要减少跑步里程或降低运动强度。如果在出现疼痛症状时，通过冰敷和减少运动量的方式仍然不能减轻持续性的疼痛，那么患者需要寻求更专业的治疗，排除更严重的损伤，如应力性骨折或疲劳性筋膜室综合征等。同时，患者还需要检查鞋是否有问题，如检查跑步鞋底是否有过度和不均匀的磨损。

（二）跟腱炎

在运动中，如果没有定期拉伸跟腱和对跟腱进行适应性训练，那么长此以往，跟腱会变得僵硬，容易受到伤害。跟腱炎通常发生在两个位置：一个是肌腱内部，位于峡部或踝关节后方的最窄部位；另一个是脚跟肌腱的附着处，此处的运动损伤也称为黑格隆德氏病。在急性阶段，肌腱炎的典型症状是跟腱出现发热、肿胀、疼痛症状。在慢性阶段，炎症已经减轻但没有完全消失。跟腱炎的愈合过程比较漫长，在愈合期内，患者可将鞋跟垫高，防止跟腱二次受伤，同时避免进行拉伸运动，以免牵扯到跟腱部位。患者也可通过进行物理治疗和口服消炎药物来减轻疼痛。

（三）踝关节扭伤

踝关节外侧有两条主要的韧带：距腓前韧带和跟腓韧带。踝关节扭伤的程度分为轻度、中度和重度3类。当发生轻度扭伤时，距腓前韧带仅发生部分撕裂；当发生中度扭伤时，距腓前韧带完全撕裂；重度扭伤比较少见，通常需要通过X射线检查来帮助诊断踝关节骨折与否。当出现急性踝关节扭伤时，应遵循PRICE原则，同时应注意使用拐杖和护具保护脚踝，避免脚踝二次损伤。踝关节在扭伤后通常会变得脆弱，出现反复性扭伤通常是因为上一次的损伤未完全恢复，在学生群体中这种反复性扭伤俗称"习惯性崴脚"。因此，恢复阶段的力量训练和对踝关节的灵活性训练是非常必要的。

（四）踝关节骨折

踝关节骨折通常是高能量损伤，通常涉及踝关节疼痛、肿胀和瘀青。在发生踝关节骨折时，如果骨头没有移位，那么不需要进行手术治疗；如果骨头发生移位，那么需要进行手术治

疗,以恢复踝关节的稳定性。

(五) 足底筋膜炎

足底筋膜是一条位于脚底的结实、坚韧的组织带,始于跖球部,连接到脚跟底部。足底筋膜炎通常是过度使用的结果,特别容易发生在脚部跳跃过多的运动项目(如田径跳跃类运动项目)中。足底筋膜炎的恢复时间较长,通常需要 9 个月左右,其愈合过程缓慢,最佳的治疗方法便是休息,患者可以尝试使用后跟垫和能保持脚朝上的夜间夹板,并进行物理治疗。在少数情况下,患者需要注射类固醇,使用冲击波治疗或进行释放手术。

第三节 运动损伤的预防策略

一、进行运动前的准备活动

运动前的准备活动是预防运动损伤的重要环节,其目的是提高肌肉的温度和灵活性,降低运动过程中受伤的风险。下面将详细探讨运动前准备活动的重要性、实施步骤以及注意事项。

(一) 重要性

运动前的准备活动能够提高肌肉和关节的温度,促进血液循环,使肌肉更加柔韧,从而降低肌肉拉伤和关节扭伤的可能性。此外,准备活动还能提高心率,以避免运动过程中出现心脏负荷过重的情况。

(二) 实施步骤

准备活动的实施步骤通常包括全身热身、特定部位热身和动态拉伸 3 个阶段。全身热身可以通过慢跑、跳绳等有氧运动进行,持续的时间为 5~10 分钟,以促进全身的血液循环和提高心率。特定部位热身则针对即将进行的运动项目,对相关肌群进行针对性的激活和预热。动态拉伸则是通过一系列的功能性动作,提高肌肉的灵活性和扩大关节的活动范围。

(三) 注意事项

进行运动前的准备活动时需要注意以下几点:一是要根据个人的运动习惯和身体状况选择合适的热身方式和强度;二是热身时间不宜过长,以免消耗过多的体力;三是在进行动态拉伸时,动作要慢,避免使用爆发力,以免造成不必要的损伤。

二、提高运动技术的正确性

运动技术的正确性在预防运动损伤中扮演着至关重要的角色。正确的运动技术不仅能够提升运动表现,还能够降低由技术不当导致的运动损伤风险。

正确的运动技术可以确保运动员的身体处于最佳力学状态,减少不必要的压力和负担。例如,在跑步中,正确的步态和着地方式可以减少对膝关节和脚踝的冲击,从而降低受伤的风险。又如,在举重训练中,正确的举重姿势可以避免背部和腰部的过度劳损。

运动技术的正确性涉及运动过程中的呼吸控制和节奏把握。正确的呼吸技巧可以帮助运动员更有效地供氧,提高运动效率,同时也可以减少由呼吸不当导致的肌肉紧张和疲劳。

此外,针对不同运动项目的特点,运动员需要学习相应的运动技术。例如,篮球运动员需要学习正确的投篮和运球技术,足球运动员则需要学习如何正确地传球和射门。这些技术的正确性直接关系到运动员的运动表现和受伤风险。

为了提高运动技术的正确性,在训练时应当重视以下几个方面。

① 技术训练:定期进行技术训练,强化基本动作的练习,确保运动员对各项技术要领有深刻的理解。

② 专业指导:聘请经验丰富的教练员进行指导,以帮助运动员纠正错误的动作,提高运动技术的正确性。

③ 视频分析:利用视频分析技术,对运动员的运动技术进行细致的分析,找出其需要改进的地方。

④ 个性化训练:根据运动员的身体状况和运动特点,制订个性化的训练计划,提高技术训练的针对性和有效性。

⑤ 预防意识:培养运动员的预防意识,使其在运动过程中能够自觉地注意运动技术的正确性,避免由疏忽大意导致的损伤。

通过上述措施,可以有效地提高运动技术的正确性,从而降低运动损伤的风险。这对于提升运动员的整体表现和延长运动员的运动生涯具有重要意义。

三、准备专业的运动装备与提升运动环境的安全性

合适的运动装备不仅能够提升运动员的表现,还能够有效减少运动过程中可能发生的损伤。而一个安全的运动环境对于预防运动损伤也起着不可或缺的作用。

(一) 运动装备的重要性

1. 提升运动表现

专业的运动装备根据人体工程学设计,能够提高运动员的舒适度和运动效率。

2. 减少损伤风险

合适的运动鞋可以减少对关节的冲击,合适的运动服装能够减少由摩擦引起的皮肤损伤。

3. 提供必要保护

护膝、头盔等装备能够在运动中为运动员提供额外的保护。

(二) 运动环境的安全性

设施完善:运动场所(如跑道、球场等)的设施应完好无损,以避免由设施损坏导致的意外伤害。

安全标准:运动场所应符合相关的安全标准和规定。

应急措施:运动场所应配备必要的急救设备和专业人员,以便在发生运动损伤时能够及时处理。

(三) 建议和措施

(1) 选择合适的运动装备

运动员应根据自己的运动项目和个人特点选择合适的运动装备。

(2) 定期检查运动装备

定期检查运动装备的磨损情况,及时更换损坏的运动装备。

（3）加强运动环境的安全管理

运动场所的管理者应定期对运动设施进行检查和维护，确保运动环境的安全性。

（4）提高运动员的安全意识

对运动员进行教育和培训，提高运动员对运动装备和环境安全性的认识。

第四节　运动损伤的诊断与评估

一、临床诊断方法

运动损伤的临床诊断是确保准确评估损伤和有效治疗损伤的前提。在运动损伤的诊断过程中，医生通常会采用多种方法来确定损伤的性质、位置和严重程度。以下是一些常用的临床诊断方法。

1. 病史采集

医生会询问患者关于损伤的详细情况，包括损伤的发生时间、发生环境、疼痛程度以及发生损伤后的自我感觉等。这些信息有助于医生了解损伤发生的背景和原因。

2. 体格检查

通过对受伤部位进行触诊、关节活动度测试、肌力测试和特殊检查，医生可以评估受伤部位的功能状态和损伤程度。

3. 影像学检查

影像学检查包括 X 射线检查、核磁共振成像检查和 CT 检查等，这些检查可以帮助医生观察到骨骼、关节和软组织的结构变化，从而确定损伤的具体位置。

4. 实验室检查

血液和尿液检查可以帮助医生评估患者的整体健康状况，排除其他可能影响恢复的疾病。

5. 功能性评估

通过让患者进行特定的运动或活动，医生可以评估患者的身体状况和损伤对患者日常活动的影响。

6. 专家会诊

如果发生某些复杂或不明确的损伤，则可能需要运动医学专家、物理治疗师或骨科医生进行会诊，以确保诊断的准确性。

在临床诊断过程中，医生会综合考虑上述各种方法的结果，以制订最合适的治疗计划。此外，医生还会考虑患者的年龄、健康状况、活动水平和个人需求，以个性化地调整治疗方案。正确的诊断是康复治疗成功的基础，临床诊断方法在运动损伤管理中扮演至关重要的角色。

二、功能评估工具

在运动损伤的康复治疗过程中，功能评估工具扮演着至关重要的角色。它们不仅能帮助医疗专业人员了解患者的损伤程度和康复进展，还能为患者提供有关其功能状态的反馈，从而提升患者对康复过程的信心和参与度。

(一) 功能评估工具的分类

功能评估工具可以分为多种类型，包括但不限于肌力测试、关节活动度测量、平衡和协调功能评估、步态分析以及日常生活活动能力评估等。每种工具都有其特定的应用场景和优势，医疗专业人员需要根据患者的具体情况选择合适的功能评估工具。

(二) 功能评估工具的应用

1. 肌力测试

通过测量肌肉的力量和耐力，可以评估患者的肌肉功能。这对于确定康复训练的强度和进度至关重要。

2. 关节活动度测量

通过测量关节的最大活动范围，可以评估关节的灵活性和功能状态。这对于制定关节保护和活动恢复计划非常有帮助。

3. 平衡和协调功能评估

通过平衡和协调功能评估，可以评估患者的神经肌肉控制能力。这对于预防再次受伤和提升运动表现非常重要。

4. 步态分析

通过分析患者的行走模式，可以发现其步态存在的问题。这对于制定个性化的康复计划和改善行走功能至关重要。

5. 日常生活活动能力评估

通过评估患者完成日常活动的能力，可以了解其功能状态和生活质量。这对于制定康复目标和监测康复效果非常有帮助。

(三) 功能评估工具的选择和使用

在选择功能评估工具时，医疗专业人员需要考虑多种因素，包括患者的年龄、性别、损伤类型、康复阶段以及偏好。此外，功能评估工具的可靠性、有效性、敏感性和可行性也是选择时需要考虑的重要因素。在使用功能评估工具时，医疗专业人员应确保评估的准确性和一致性，以便对康复效果进行准确的监测和评估。

第五节　运动损伤的康复治疗

一、非手术治疗

非手术治疗在运动损伤康复中扮演着至关重要的角色，尤其是在损伤初期和在出现轻度至中度损伤的情况下。

非手术治疗的核心目标是通过减轻炎症反应、缓解疼痛、保护受损组织以及促进愈合来降低损伤的严重程度。这通常涉及 PRICE 原则，即保护、休息、冰敷、压迫、抬高。保护是指让损伤部位立即休息，以减少内出血及减轻肿胀，并防止该部位进一步受到伤害。受伤部位肿胀是因为体液自血管外渗。冰敷可使血管收缩，减轻肿胀。一次冰敷时间大约为 15～20 分钟，两次冰敷的间隔应为 15～20 分钟或更长时间。可在伤后 24 小时内重复进行几次冰敷。压迫可减轻受损部位的肿胀,例如,用弹力绷带包裹受损部位可以压迫损伤组织,从而减少内出血及减轻肿胀。弹力绷带包裹应维持到损伤愈合。抬高受损部位有助于减轻肿胀和促进血液回流,如果可能,引流体液应沿着整体向下的路径从受损部位回流至心脏。比如,在手部损伤时,应将肘部以及手部抬高。

药物治疗在非手术治疗中也占有一席之地。非甾体抗炎药是常用的药物,这类药物通过抑制炎症介质的产生来缓解疼痛和减轻炎症反应。然而,长期使用这类药物可能会带来副作用,如造成胃肠道不适和增加出血风险,因此在使用这类药物时需要谨慎,并遵医嘱。

物理治疗也是一个重要的非手术治疗手段。物理治疗师会根据损伤的类型和严重程度制订个性化的康复计划,包括疼痛管理、关节活动度恢复、肌肉力量增强和功能训练。这些治疗手段旨在促进受损组织的修复,同时提升患者的整体功能和运动能力。

新兴的康复技术,如体外冲击波治疗和血小板富集血浆(PRP)注射,也在非手术治疗中显示出了巨大的潜力。体外冲击波治疗通过机械压力来促进受损组织的愈合,而血小板富集血浆注射则利用患者自身的生长因子来加速愈合过程。

非手术治疗的成功实施需要患者的高度参与和合作。患者教育是康复过程中不可或缺的一部分,教育内容包括如何正确进行康复练习、如何避免再次受伤以及如何逐步恢复日常活动和运动。

二、手术治疗

手术治疗是运动损伤康复过程中的一个重要环节,尤其适用于那些非手术治疗无效或损伤较为严重的患者。

(一)手术治疗的应用

手术治疗通常用于处理骨折、严重的软组织损伤、关节损伤以及一些需要重建的复杂损伤等。通过手术,医生可以直接修复受损的组织,重建关节结构,从而让患者恢复运动功能。

(二)手术治疗的优势

1. 快速恢复运动功能

手术治疗能够迅速修复严重损伤,使患者更快地恢复到受伤前的运动水平。

2. 减少长期并发症

对于某些损伤,如半月板撕裂或交叉韧带断裂,手术治疗可以降低长期功能障碍和关节退行性变化的风险。

3. 提高治疗效果

在一些情况下,手术治疗可以提供比非手术治疗更确切的治疗效果,尤其是在损伤较为严重或复杂的情况下。

(三)手术治疗的挑战

1. 手术风险

手术治疗存在一定的风险(如感染、出血等风险),需要患者和医生共同权衡利弊。

2. 术后康复

手术治疗后需要进行严格的康复训练,以恢复关节活动度、增强肌肉力量并减少术后并发症。

3. 经济负担

手术治疗通常涉及较高的医疗费用,可能会给患者带来经济上的压力。

(四) 手术治疗的未来发展

随着医疗技术的进步,手术治疗运动损伤的方法在不断发展。例如,微创手术可以减少手术创伤、加快恢复速度。此外,组织工程学和再生医学的发展为损伤修复提供了新的可能性。

三、康复训练计划

运动损伤的康复训练计划是整个治疗过程中至关重要的一环,它不仅涉及损伤部位的恢复,还关系到运动员能否顺利重返运动场并维持最佳表现。康复训练计划应当基于损伤的类型、严重程度以及个体差异来定制,以确保训练的安全性和有效性。

首先,康复训练计划应当包括对损伤部位的初步评估,以确定损伤的性质和程度。这通常涉及对疼痛、肿胀、关节活动度和肌肉力量等方面的评估。基于评估结果,康复专家可以制订出有针对性的康复目标,如减轻疼痛、恢复关节活动度、增强肌肉力量和提升运动功能等目标。

其次,康复训练计划应当分阶段进行。在初期阶段,计划的重点在于控制疼痛和肿胀,可以通过冷敷、电疗、超声波治疗等物理疗法来实现。随着损伤的逐渐恢复,计划将进入中期阶段,此时计划的重点在于恢复关节活动度和增强肌肉力量,可以通过被动和主动关节活动、肌肉等长收缩和等张收缩训练来实现。在后期阶段,计划的重点转向提升运动功能和预防再次受伤。此时,可以加入更多的功能性训练,如平衡训练、协调性训练和模拟运动动作的训练。此外,还应对运动员的心理素质给予足够的重视,因为心理因素在康复过程中同样扮演着重要角色。

最后,康复训练计划应当包含长期追踪和评估机制,以监测康复进程并及时调整训练方案。通过定期的功能评估和运动表现测试,可以确保康复训练计划的有效性,并为运动员提供持续的支持和指导。

思 考 题

1. 简述运动损伤的概念、分类及损伤机制。
2. 简述运动中常见的下腰背损伤及其识别方法。
3. 简述运动中常见的膝关节损伤及其识别方法。
4. 运动损伤治疗的 PRICE 原则是什么?

参 考 文 献

[1] 徐玉明.体能评定与发展[M].北京:人民体育出版社,2007.
[2] 沈剑威,阮伯仁.体适能基础理论[M].北京:人民体育出版社,2008.
[3] 吕万刚,陈小平,袁守龙.体能训练理论与方法[M].北京:高等教育出版社,2020.
[4] 王卫星.体能训练理论与实践[M].北京:高等教育出版社,2012.
[5] 杨世勇.体能训练[M].北京:高等教育出版社,2013.
[6] 《体育概论》编写组.体育概论[M].北京:北京体育大学出版社,2013.
[7] 邓树勋,王健,乔德才,等.运动生理学[M].北京:高等教育出版社,2023.
[8] 李世昌.运动解剖学[M].3版.北京:高等教育出版社,2015.
[9] 伍勰.运动生物力学[M].北京:高等教育出版社,2020.
[10] 杨世勇.体能训练[M].北京:人民体育出版社,2012.
[11] 美国体能协会,道斯.灵敏训练[M].于亮,等译.北京:北京体育大学出版社,2022.
[12] Dawes J,Roozen M,钟秉枢.灵敏训练[M].周建梅,译.北京:北京体育大学出版社,2015.
[13] 布朗,费里格诺.速度、灵敏和反应训练[M].陈洋,周亢亢,译.北京:人民邮电出版社,2017.
[14] 林文弢,崔旭艳.青少年灵敏与柔韧素质训练[M].北京:科学出版社,2020.
[15] 刘晨璐,刘纪红,李田宇,等.滑雪运动致肩袖损伤康复治疗研究进展[J].吉林医学,2024,45(4):927-930.
[16] 李文秀,余慧琳,孔庆祥,等.跳跃类项目运动损伤形成原因与规避方法[J].田径,2023(1):82-83.
[17] 田雯娇.我国青少年投掷运动员运动损伤的成因及预防策略[J].内江科技,2024,45(2):31-32.
[18] 刘桂文.田径跑、跳、投运动项目中常见损伤及防治[J].价值工程,2010,29(35):303-304.
[19] 范海英,席艳辉,彭灿.析大学生课余体育活动中的运动损伤[J].上海体育学院学报,2002(S1):36-39.
[20] 母应秀,幸兴,唐桥.青少年中长跑运动员跑步步态对下肢运动损伤的影响[J].中国运动医学杂志,2024,43(1):17-28.
[21] 王佳宁,敖英芳.冬季奥运会与主要冬季项目运动损伤[J].科技导报,2020,38(6):11-24.
[22] 国家体育总局冬季运动管理中心.中国冰雪项目运动伤病防治:国家队队医培训教材[M].北京:中国计划出版社,2022.

[23] 利珀特.临床肌动学与解剖[M].郭京伟,等译.北京:北京科学技术出版社,2020.

[24] 美国国家体能协会,哈夫,特里普利特.美国国家体能协会体能教练认证指南[M].王雄,闫琪,周爱国,等译.北京:人民邮电出版社,2021.

[25] 国际运动医学研究所.体能训练基础理论:全彩图解版[M].曲岩松,译.北京:人民邮电出版社,2020.

[26] 美国国家运动医学学会,麦吉尔,蒙特尔.NASM-PES美国国家运动医学学会运动表现训练指南[M].崔雪原,等译.北京:人民邮电出版社,2020.

[27] 布里滕纳姆,泰勒,等.核心体能训练:释放核心潜能的动作练习和方案设计[M].北京:人民邮电出版社,2021.

[28] 布什曼.ACSM体能指导手册[M].李丹阳,邓士琳,毛永,译.2版.北京:人民邮电出版社,2020.

[29] 桑塔纳.功能性训练:提升运动表现的动作练习和方案设计[M].北京:人民邮电出版社,2017.

[30] 贾迈,夏基.运动解剖学图谱:肌肉结构与功能全解[M].巫泓丞,译.北京:人民邮电出版社,2021.

[31] 高特林.运动损伤的预防、治疗与恢复[M].高旦潇,译.人民邮电出版社,2017.